EDITORIAL

Ξ Matthias Micus und Luisa Rolfes

»Expertise und Demokratie« – die Themenwahl des vorliegenden Heftes der INDES hat eine kürzere und eine längere Geschichte. Seit geraumer Zeit schon befindet sich die repräsentative Demokratie in einer Legitimationskrise. Von innen durch die diskursvergiftende Ressentimentpolitik vorzugsweise rechtspopulistischer Bewegungen und Parteien herausgefordert, wird sie von außen durch eine wachsende Zahl zunehmend unverblümt autoritär regierter Staaten unter Druck gesetzt, deren Machthaber zwar den Demokratiebegriff ebenfalls für sich reklamieren, sich aber an den Wesenskern des Demokratischen, den Gleichklang aus individueller Freiheit und rechtlicher Gleichheit, allenfalls sehr eingeschränkt gebunden fühlen. Weit über die deutschen Landesgrenzen hinausgehend spiegeln anhaltend schwache Vertrauenswerte für politische Parteien nicht nur eine weitverbreitete Politikverdrossenheit. Auch die gleichermaßen wütende wie pauschale Elitenschelte weist auf substanzielle Funktionsdefizite des Repräsentativsystems hin – und das nicht erst seit und infolge der Corona-Pandemie.

Vor allem klassische Massenorganisationen wie die Volksparteien gelten als starr und unzugänglich, abschreckend und im besten Falle bieder. Standen sie in ihrer Blütezeit in den 1970er und 1980er Jahren noch in dem Ruf, verlässliche Garanten von Stabilität, Zusammenhalt und erfolgreicher Nachkriegsordnung zu sein, scheinen die damaligen Charakteristika der ideologischen Offenheit, organisatorischen Tiefe und gesellschaftlichen Omnipräsenz heute in der öffentlichen Wahrnehmung ersetzt worden zu sein durch ideologische Beliebigkeit, Organisationsverkrustung und Selbstüberhebung. Zumal die Gremienvielfalt als Quelle einer opaken Hinterzimmerkultur und kantenschleifender Ochsentour-Karrieren angesehen wird, die auf Beteiligungswillige abschreckend wirken würden und stromlinienförmige Jasager sowie weltfremde Karrieretypen hervorbrächten.

Wenig verwunderlich insofern, dass spätestens seit den 1990er Jahren immer mal wieder der Ruf nach unkonventionellen Charakteren und unabhängigen Experten ertönt. Besonders medienwirksam seit der Coronakrise, aber auch schon in der Debatte um die Klimakrise sowie die Wirtschafts-, Finanz- und Eurokrisen der Nullerjahre sind Wissenschaftlerinnen zu wichtigen, wenngleich immer auch umstrittenen Ratgebern der Politik geworden. Die Wissenschaftsgläubigkeit einer Bewegung wie Fridays for Future ist jedenfalls bemerkenswert, und markant ist die öffentliche Nachfrage nach Epidemiologen und Virologen als Erklärer und Mahner während der Corona-Pandemie. Es sind dies auch Momente, in denen Seiteneinsteiger in politische Spitzenämter berufen werden, oftmals unter dem euphorischen Beifall aus den Politikredaktionen der Leitmedien.

Doch tatsächlich hadern auch die quereingestiegenen Expertinnen zumeist rasch mit den Herausforderungen des Politischen, das in modernen Gesellschaften einem normalen Beruf ähnelt, mit der Parteikarriere als Ausbildungsersatz. Mitgliederversammlungen stellen, so gesehen, Übungsräume für das Training politisch relevanter Fertigkeiten dar – und Wahlen sind Bewährungsmomente, in denen sich die sprichwörtliche Spreu vom Weizen trennt. In anderen Berufsfeldern erworbene Meriten sind mitnichten Erfolgsgaranten auch in der Politik, ein renommierter Professor und glänzender Unternehmenslenker nicht zugleich ein Meister im »Streben nach Machtanteil«, wie Max Weber Politik einst definiert hat. Die Erfolgsbilanzen – sei es von einzelnen Seiteneinsteigern oder von ganzen Expertenregierungen – fallen denn auch zumeist erstaunlich bescheiden aus, verglichen mit dem Überdruss an den vermeintlich minderbegabten politischen Profis und den Referenzen der Experten.

Wobei sich natürlich einwenden lässt, dass Experten nicht gleich Experten sind, wie sich ganz deutlich in der gegenwärtigen Lage zeigt. Wenn derzeit über den politischen Einfluss von Wissenschaftlern oder umgekehrt von der Verwissenschaftlichung der Politik gesprochen wird, sind vor allem Virologen, Epidemiologen, Mikrobiologen und Mediziner gemeint. Sozial-, Gesellschafts- und Wirtschaftswissenschaftlerinnen hingegen, die üblicherweise für den Perspektivwechsel aufgrund der grundsätzlichen Politiknähe ihrer Arbeitsgegenstände prädestiniert sind, spielen in der öffentlichen Wahrnehmung keine hervorgehobene Rolle.

Doch kann andererseits und ebenfalls mit einer gewissen Berechtigung in der Unterscheidung zum politischen Bereich das Verbindende der Wissenschaftssphäre hervorgehoben werden. Etwas holzschnittartig wird dann der Gestus demonstrativer Selbstgewissheit, wie er den politischen Akteuren im Dauerkampf um Wählermeinungen und -stimmungen unverzichtbar zu sein scheint, mit der konstitutiven Haltung ständigen Hinterfragens und Revidierens im akademischen Bereich kontrastiert. Vollends zu überzeugen vermag diese Gegenüberstellung nicht, jedenfalls nicht in Demokratien, zeichnet sich hier doch der Raum des Politischen aus durch die allgegenwärtige Möglichkeit unblutiger Machtwechsel via Wahlen, die Legitimität von Kritik und eine dynamische Politikformulierung in Abhängigkeit von und in

Wechselwirkung mit veränderlichen Mehrheitsmeinungen – eine definitorische Unfertigkeit, ein ständiges Werden also, das die Demokratie zu einer so fragilen wie offenen, prinzipiell gerechten politischen Form des gesellschaftlichen Zusammenlebens macht.

Mehr noch: Gerade vor dem aktuellen Hintergrund der Corona-Pandemie ist auch daran zu erinnern, dass Expertenpolitik durchaus Gefahrenmomente für Demokratien enthält bzw. sich an den Merkmalen von Demokratien reibt, wie sie den Lehrbüchern des Sozialkundeunterrichtes zu entnehmen sind. Expertinnen (und Wissenschaftlerinnen) denken in den Kategorien richtig und falsch, wahr und unwahr. Die demokratische Auseinandersetzung dagegen gründet gerade darauf, dass es unterschiedliche, grundsätzlich berechtigte Interessen gibt. Demokratien kennzeichnet ihr Anspruch der politischen Gleichberechtigung aller Bürgerinnen und Bürger, unabhängig von deren Wissensstand, Bildungsabschlüssen oder Fähigkeiten. Expertenpolitik hingegen privilegiert eine exklusive Gruppe, die sich durch besondere Bildungsabschlüsse und überlegenes Wissen, gewissermaßen das platonische Element, von der Mehrheitsbevölkerung abhebt.

Eben die Kritik an Politikerinnen, die von den alltäglichen Sorgen und Nöten der Bevölkerung entkoppelt wirken sowie an einer Herrschaft in homogenen Zirkeln gegenüber äußeren Einflüssen sich verschließender Experten hat in der Vergangenheit schon ein ganz anderes Alternativprogramm zur etablierten Berufspolitik befördert, nämlich Strategien zur Verlebendigung der Zivilgesellschaft und Ausweitung der Bürgerbeteiligung. Zuletzt haben in Deutschland wie anderswo per Losverfahren zusammengesetzte Bürgerräte für Furore gesorgt. Mit diesen wie anderen Partizipationsinnovationen soll den gestiegenen Beteiligungserwartungen der Bevölkerung entgegengekommen werden. Indem durch mehr Beteiligungsmöglichkeiten Brücken zwischen Politik und Gesellschaft geschlagen werden, soll die Demokratie robuster und lebendiger, die Lust an der Debatte gefördert und zugleich ein Gegengift gegen die Verlotterung der Diskurskultur verabreicht werden. Unter dem Anspruch der stärkeren politischen Beteiligung, insbesondere sozial schlechter Gestellter, erscheinen Einflussgewinne von Experten auf die Politikformulierung höchst ambivalent, die Wechselbeziehungen von Expertentum, Politik und Demokratie als ebenso problematisch wie notwendig.

Doch genug der Vorrede: Wir wünschen viel Vergnügen bei der Lektüre der vorliegenden Ausgabe der INDES!

INHALT

1 **Editorial**

>> INTERVIEW 7 **»Wer sich für den Aktivismus entscheidet, muss sein Expertenamt aufgeben«**
Gespräch mit Caspar Hirschi über Experten, die Kritik an ihnen sowie Tücken und Chancen des Verhältnisses von Wissenschaft und Politik

>> ANALYSE 19 ***Fast, public, tweet science***
Auftritt und Image von Wissenschaftlern im Zeichen des Virus
Ξ Thomas Etzemüller

32 **Wissenschaft und Populismus**
Zwei Dilemmata
Ξ Jasmin Siri

38 **Warum die Politik ihre Experten auf Distanz hält**
Expertenkult und politische Urteilskraft
Ξ Walter Reese-Schäfer

47 **Politische Urteilskraft**
Das gefährdete Fundament der Demokratie
Ξ Wilfried von Bredow u. Eckhard Jesse

59 **Was Wissen schafft**
Wissenschaft und Deutungsmacht in Zeiten der Corona-Krise
Ξ Nils Markwardt

67 **Lehrmeisterin des Lebens?**
Geschichtswissenschaft als politische Kraft
Ξ Jürgen Kocka

77 **Planung – Prosperität – Partizipation**
Planende Politikgestaltung in der Bundesrepublik Deutschland
Ξ Michael Ruck

89 **Verfassungsgerichtsexpertokratie?**
Das Bundesverfassungsgericht im politischen Prozess
Ξ Alexander Thiele

99 **Direkte Technokratie**
Was wir von der Schweiz und Singapur lernen können
Ξ Parag Khanna

PERSPEKTIVEN

118 **Auf dem Weg zu robusten Entscheidungen in der Endlagerung**
Herausforderungen und Chancen für die Regulierungs- und Aufsichtsbehörde
Ξ Ana María Isidoro Losada, Maria Rosaria Di Nucci

SCHWERPUNKT:

EXPERTISE UND DEMOKRATIE

»WER SICH FÜR DEN AKTIVISMUS ENTSCHEIDET, MUSS SEIN EXPERTENAMT AUFGEBEN«

Ξ Gespräch mit Caspar Hirschi über Experten, die Kritik an ihnen sowie Tücken und Chancen des Verhältnisses von Wissenschaft und Politik

Indes: »Droht uns die Expertokratie?«, fragte Wolfgang Rieger in der Zeit im Juli 1964, in jenen Jahren, in denen der Glaube an den Fortschritt kaum Grenzen kannte, Utopien von Planbarkeit und Machbarkeit sich Bahn brachen und Robert Jungk davon träumte, irgendwann Planer klonen zu können, als Experten, die der Politik auf Basis von Kennzahlen und Wissen das Richtige als Beschlussvorlage empfehlen würden. Wo stehen wir heute, einige Dekaden später, bezüglich der Sorge vor einer Expertokratie?

Der Vergleich mit den 1960er Jahren ist aufschlussreich. Damals stand der Westen im Zeichen des Sputnikschocks. Die Politik pumpte enorme Summen in Wissenschaft und Technik, aus Angst, das technologische Wettrüsten mit der Sowjetunion zu verlieren. In der Rückschau erscheint die damalige Politik von Panik, Ideologie und Machtinteressen getrieben. Auf viele Zeitgenossen jedoch wirkte sie wie ein technologischer Sachzwang. Der Soziologe Helmut Schelsky entwarf bereits 1961 das Zukunftsszenario einer von Experten dirigierten Politik, die sich nur noch auf das effiziente Umsetzen des technologisch Notwendigen beschränken würde. Das Beschwören einer Expertokratie konnte utopischen oder dystopischen Charakter haben. Ganz gleich allerdings, wie sie bewertet wurde, sie bedurfte damals einer theoretischen Begründung, um ernst genommen zu werden. Damit konnte auch die Technokratiekritik theoretisch anspruchsvolle Formen annehmen, so etwa in Jürgen Habermas' »Technik und Wissenschaft als Ideologie« von 1968.

Ist heute von dieser theoretischen Diskussion über die Expertokratie noch etwas zu spüren?

Sie ist von der Bildfläche verschwunden, und das obwohl das Gespenst der Expertokratie wieder allgegenwärtig ist und die Überlegungen eines Habermas, u. a. seine These einer Kolonialisierung der Lebenswelt durch zweckrational organisierte Systeme, kaum an Aktualität eingebüßt haben. Durch Bedrohungen wie den Klimawandel und das Coronavirus haben technokratische Einstellungen neuen Auftrieb erhalten. Allerdings sind sie intellektuell zusammengeschrumpft. Sie beschränken sich auf die gebetsmühlenhafte Forderung, die Politik müsse den Vorgaben der Wissenschaft folgen. Die Norm des Sachzwangs ist zurück, mit allen Illusionen einer kennzahlenbasierten Politik – aber jeder theoretischen Begründung entkleidet. Was sie für die Demokratie, was sie für die Wissenschaft bedeutet, wird bestenfalls am Rande diskutiert. Eine Folge davon ist, dass Expertinnen laufend in Kontroversen über politische Ermessensfragen geraten, in denen sie den Boden ihrer wissenschaftlichen Kompetenz verlassen. Ob es zum Beispiel angebracht ist, das Recht auf Bildung von jungen Menschen zu beschneiden, um die Ausbreitung des Virus zu bremsen, kann weder ein Virologe beantworten, der gerade einen Artikel über die Spanische Grippe gelesen hat, noch eine Pädagogin, die sich mit Kindern aus bildungsfernen Familien beschäftigt, und schon gar nicht ein Epidemiologe, der die Anzahl verhinderter Todesfälle durch Schulschließungen hochrechnet, ohne zu wissen, welche Ansteckungsgefahr von Kindern ausgeht. Die eigentliche Tragik aber besteht darin, dass sich zur theoretischen Blöße des expertokratischen Denkens eine noch krudere Expertenkritik in der Gestalt von Verschwörungsmythen gesellt hat. Den verwaisten Platz von Habermas haben Populisten eingenommen; die reflexive Fallhöhe ist schwindelerregend.

Wir sind mit den 1960er Jahren eingestiegen, aber die Sozialfigur des Experten ist ja mutmaßlich deutlich älter: die Gründer und Deuter der attischen Demokratie, der reisende Gelehrte des Mittelalters, Luther als Mittler von Geist und Macht, der Geheimrat Goethe? Wo begegnet uns die Sozialfigur des Experten zuerst?

Das hängt davon ab, was wir unter Experten verstehen. Der Begriff wird in der Alltagssprache so inflationär und unscharf verwendet, dass man die Geschichte des Experten problemlos in der griechischen Antike beginnen lassen könnte. Platons Philosophenherrschaft wäre dann der erste Entwurf einer Expertokratie. Ich würde allerdings von einer solchen Genealogie abraten, weil sie unser Verständnis der spezifischen Konstellationen, in denen Expertinnen heute auftreten, eher erschwert als erleichtert. Erhellender scheint mir, bei der Etymologie anzusetzen.

Warum?

Wenn wir die historischen Umstände kennen, unter denen der Expertenbegriff entstanden ist, können wir ihn auch trennschärfer verwenden. Das Substantiv »expert« ging aus der französischen Gerichtssprache des 17. Jahrhunderts hervor und bezeichnete anfänglich den Sachverständigen vor Gericht. Von ihm wurden zwei Eigenschaften erwartet: Spezialwissen auf dem Gebiet seines Berufes und Unbefangenheit gegenüber dem Gegenstand der Verhandlung. Dazu kam die implizite Erwartung, einen Sachverhalt vor Laien verständlich darzulegen. Als die Expertenrolle im 18. Jahrhundert vom Gericht in die Politik expandierte, erweiterte sich ihr Aufgabenbereich um ein entscheidendes Element: Es ging nicht mehr nur um das Einschätzen von Sachverhalten, sondern auch um das Empfehlen von Maßnahmen.

Womit wir beim modernen Experten angekommen sind?

Der anfängliche Kontext der Expertenrolle schärft unseren Blick für Eigenschaften, die von ihren Trägern bis heute erwartet werden: Ausgewiesenes Spezialistentum, Unabhängigkeit, Freiheit von Interessekonflikten, Verständlichkeit für Laien. Auch die Grenzen der Rolle werden für uns nachvollziehbar: Wie im Gericht antworten Expertinnen in der Politik und in den Medien auf Fragen, die andere ihnen stellen, und üben selber keine Entscheidungsgewalt aus. Ihre kommunikative Rolle ist damit strengen Einschränkungen unterworfen, die sie daran hindern sollen, ein Gespräch oder Verfahren selber zu steuern.

Ist dann die Expertokratie, historisch gesehen, ein Widerspruch in sich?

Ja, denn die Rolle des Experten konnte erst in einer Welt entstehen, in der die Sphären von Wissen und Macht als getrennte Felder von eigener Gesetzmäßigkeit angesehen worden sind. Voraussetzung des Experten war die Einsicht der Mächtigen, auf unabhängigen Spezialistenrat angewiesen zu sein, und die Einsicht der Spezialistinnen, keine Kompetenz zur Machtausübung zu besitzen. Die moderne Geschichte hat dieser arbeitsteiligen Ordnung Recht gegeben. Es gibt kein historisches Beispiel einer langfristig erfolgreichen Expertenherrschaft, in der wissenschaftliches Spezialistentum und politische Machtausübung personell miteinander verschmolzen gewesen wären.

Wenn wir im 17. Jahrhundert ansetzen wollen, wie steht es dann um das Beziehungssystem von Expertise und Demokratie? Wie lässt es sich beschreiben, welchen (zentralen) Wandlungen unterlag es und – umgekehrt – was wären, wenn es sie gäbe, Konstanten in diesem Beziehungssystem?

Wenn die Figur des Experten älter ist als die moderne Demokratie, dann heißt das auch, dass Expertentätigkeit nicht auf demokratische Strukturen angewiesen ist. Ich würde sogar sagen, dass die Figur des Experten Demokratien vor besondere Probleme stellt, denn der privilegierte Zugang von Expertinnen zu Machtträgern steht in einem Spannungsverhältnis zur Norm der bürgerlichen Gleichheit. Die Folgen davon zeigten sich schon in der Französischen Revolution. Als mit den Jakobinern radikale Gleichmacher ans Ruder kamen, haben sie die führenden Experteninstitutionen aus dem Ancien Régime, die königlichen Akademien, zerstört und eine Reihe herausragender Experten, darunter auch überzeugte Revolutionäre wie Antoine Lavoisier, hingerichtet. Freilich konnten sie damit nicht den Widerspruch aus der Welt schaffen, dass die revolutionäre Republik ebenso auf Expertenrat angewiesen war wie die Monarchie zuvor.

Also gehörte die Expertise doch von Anbeginn zur Demokratie?

Zur modernen Demokratie ganz gewiss. Experten sind in ihr zugleich unverzichtbar und hochsuspekt. Besonders ausgeprägt ist der Widerspruch in den Vereinigten Staaten, wo sich die egalitäre Anfeindung und privilegierte Anhörung von Expertinnen wie ein roter Faden durch die Geschichte ziehen. Um den Widerspruch zu entschärfen, waren Demokratien im Vergleich zu Monarchien und Diktaturen stärker darauf angewiesen, die funktionale Trennung von Expertinnen und Machtträgern im politischen Entscheidungsprozess öffentlich sichtbar zu machen. Die Trennung musste stets die Möglichkeit einschließen, dass gewählte Volksvertreter legitime Gründe haben konnten, anders zu entscheiden, als Experten es ihnen nahelegten. Das bedingte weder eine Abwertung der Expertise noch eine wissenschaftsfeindliche Einstellung. Es konnte einfach an der höheren Gewichtung anderer, gesellschaftlich relevanter Kriterien liegen. Der öffentliche Konsens, dass Demokratie auf eine gewisse Unverbindlichkeit der wissenschaftlichen Expertise angewiesen ist, um ihren deliberativen und egalitären Prinzipien gerecht zu werden, war immer fragil, kippte aber in Zeiten breit diagnostizierter Krisenhaftigkeit besonders leicht. Das war der Fall nach dem Sputnikschock, nach dem Ölpreisschock und in jüngerer Zeit in der Finanz-, Staatsschulden-, Klima- und Coronakrise.

Unterliegt die Beziehung von Expertise und Demokratie einem Konjunkturzyklus?

Ja, aber mit antizyklischen Effekten. Krisen sind Boomphasen für Experten. Sie haben nun dreierlei zu leisten, und das auf der medialen wie der politischen Bühne: Ursachenanalyse, Lagebeurteilung und Lösungsvorschläge.

Diese Trias gibt ihren Empfehlungen eine ganz andere Dringlichkeit, zumal der Handlungsdruck in Krisenzeiten auch das öffentliche Austragen von Dissens unter Expertinnen erschwert. Regierungen sehen sich dem Imperativ ausgesetzt, Expertenmeinungen zu folgen. Wollen sie das Steuer nicht aus der Hand geben, können sie noch versuchen, jene Expertinnen ins mediale Scheinwerferlicht zu stellen, deren Meinungen sie sich ohnehin gerne anschließen. Das hat den zusätzlichen Vorteil, dass sie sich im Fall von medialem Gegenwind gegen ihre Krisenpolitik hinter den Experten verstecken und Verantwortung abschieben können. In Krisenzeiten haben damit beide, Exekutivpolitiker und Expertinnen, ein Interesse daran, technokratische Einstellungen zu fördern. Gelingt es ihnen, droht ihnen aber gleichzeitig eine Fundamentalopposition in der Form des populistischen Mantras, das Volk werde vom Establishment verraten und müsse die Deutungshoheit und Bestimmungsmacht über das Geschehen an sich reißen.

Nochmals zum Stichwort Expertokratie: Bankenkrise, Klimakrise, Coronakrise – welche Unterschiede und Gemeinsamkeiten gab es zwischen ihnen beim Bedarf nach Erklärung und Bewältigung von Krisen durch Expertise?

Es entbehrt nicht einer gewissen Ironie, dass gerade die jetzige Pandemiebekämpfung mit der Diagnose der Expertokratie belegt wird. Sie hat viel mit der medialen Inszenierung von Expertinnen, aber wenig mit der politischen Realität zu tun. Es gibt kein Land, das von Virologinnen oder Epidemiologen regiert wird, und nur in ganz wenigen Staaten sind gewählte Politiker verpflichtet, den Vorgaben ihrer Gesundheitsbehörde zu folgen. Die heutigen Diagnosen einer Corona-Expertokratie leiden an akuter Vergesslichkeit. Sie blenden aus, dass wir es gerade erst mit einer Krise zu tun hatten, die in Sachen technokratischer Kompetenzüberschreitung und demokratischer Kollateralschäden von ganz anderer Tragweite war. In der Eurokrise mussten demokratisch gewählte Regierungen in Italien und Griechenland ökonomischen Technokraten weichen, das Ergebnis einer Volksabstimmung in Griechenland wurde missachtet und die Krisenpolitik zu großen Teilen an Institutionen wie die EZB oder den IWF ausgelagert. Allerdings erfolgte der expertokratische Durchgriff nicht, weil Zentralbanker und Währungsexperten die Macht an sich rissen, sondern weil die politischen Institutionen der Europäischen Union nicht handlungsfähig waren und noch so gerne Verantwortung abgaben. Wenn man Politikversagen in großem Stil diagnostizieren möchte, dann könnte man es hier tun, und tatsächlich besteht eine Parallele zur Coronakrise darin, dass die Institutionen der EU zehn Jahre später beim Ausbruch der Pandemie erneut paralysiert waren. Diesmal jedoch übernahmen nicht internationale Expertenorganisationen, sondern die nationalen Regierungen die Krisenpolitik, was mit Blick auf die Wahrung demokratischer Grundregeln viel weniger problematisch ist.

Bei der Klimakrise ist es nochmals anders. Hier sehe ich vor allem zwei Unterschiede zur Coronakrise: Einer betrifft das Wissen, der andere die Kommunikation. Der Bestand an wissenschaftlicher Erkenntnis über den Klimawandel ist aufgrund jahrzehntelanger Forschung viel größer als über Covid-19. Zentrale Fragen zur Erderwärmung sind geklärt und bedürfen keiner weiteren Diskussion. Dass nun aber, ganz anders als in der Coronaforschung, kaum noch Diskussionen unter Expertinnen an die Öffentlichkeit dringen, hat einen anderen Grund: Die Klimaforschung hat in Reaktion auf die anhaltenden Attacken auf ihre Glaubwürdigkeit die Kommunikation ihrer Ergebnisse und Empfehlungen so stark zentralisiert, dass selbst dort, wo weiterhin offene Fragen und wissenschaftliche Ungewissheiten bestehen, die öffentliche Austragung von Dissens kaum stattfinden kann. Damit nimmt die Klimaforschung in Kauf, dass Relativierer und Leugnerinnen des Klimawandels ihr Zerrbild einer geschlossenen, gegen Kritik immunisierten Expertengemeinschaft noch einfacher kultivieren können. Angesichts des kommunikativen Korsetts, das sich die Klimaforschung auferlegt, erstaunt es auch nicht, dass es die moralisierende Wucht einer Jugendbewegung brauchte, um der Klimapolitik eine neue Dringlichkeit zu verleihen. Die Klimakrise wird uns wohl noch länger begleiten als die Coronakrise, aber bei beiden hängt die Glaubwürdigkeit der Expertise entscheidend davon ab, ob es gelingt, die Grenzen des wissenschaftlichen Wissens und damit auch den Spielraum der Politik klar zu markieren. Dafür müssen Forschende bereit sein, offen über jene Fragen zu sprechen, die noch nicht beantwortet sind und einer Diskussion bedürfen. Die Expertenrolle verlangt, genauso sorgfältig über das zu sprechen, was man nicht weiß, wie über das, was man weiß.

Die Rede von der Expertokratie betrifft auch den Streit um den Stellenwert demokratischer Aushandlung, stellt also konkret auf wissenschaftlichen Einfluss auf Politik ab. Wie ist es aber umgekehrt? Wie wird in der Wissenschaft der Einfluss von Politik, etwa über Forschungsförderung, reduzierte Grundausstattung von Wissenschaft und Drittmittelgebenden, verhandelt? Kurz: Expertise mag Demokratie befruchten und bedrohen, aber gilt das nicht auch umgekehrt?

Wissenschaft und Demokratie sind beides Systeme, die auf die klärende Kraft der argumentativen Auseinandersetzung setzen. Insofern sind sie sich gegenseitig eine Stütze. Das bedeutet aber auch, dass Veränderungen der Streitkultur in einem System Auswirkungen auf das andere hat – und noch vertrackter: dass die Veränderung der Interaktion zwischen den Systemen Folgen für die Streitkultur in beiden hat. Letzteres ist heute im Zeichen der verwissenschaftlichten Politik besonders der Fall.

Eine Pointe meines Buches über die Geschichte von Expertenskandalen lautet: Das Reden über eine wissenschaftlich basierte Politik der letzten Jahrzehnte hat nicht etwa dazu geführt, dass Experten einen stärkeren Zugriff auf die politische Entscheidungsfindung gewonnen haben, sondern dass die Politik viel umfassender in die Wissenschaft eingreifen kann. Indem Regierungsminister bestimmte Expertinnen auf Pressekonferenzen mitnehmen und zu bestimmten Themen unter medialer Begleitung Expertenkommissionen einsetzen, können sie verstärkten Einfluss auf den innerwissenschaftlichen Macht- und Reputationswettbewerb nehmen. Mehr noch: Sie können Signale aussenden, welche Forschungsrichtungen und welche Forschenden Relevanz beanspruchen dürfen und welche nicht. Und da Forschung noch immer größtenteils von der öffentlichen Hand finanziert wird, können sie damit auch die Weichen für die künftige Verteilung von Forschungsgeldern stellen. Wenn das Ideal expertengestützter Entscheidungsabläufe in der Praxis als List einer Regierungspolitik funktioniert, die Forschung instrumentalisiert und unter Berufung auf Expertinnen potentiell kontroverse Themen entpolitisiert, wird die parlamentarische Opposition fast dazu gedrängt, Kritik an der Regierung mit einer Infragestellung der Wissenschaft zu verbinden. Um zu repolitisieren und damit diskutierbar zu machen, was die Regierung entpolitisiert, muss sie die Aussagen und damit die Kompetenz der Regierungsexperten in Zweifel ziehen. Eine solche Konstellation ist wie geschaffen für Populistinnen, die keine Scheu davor haben, die Wissenschaft dem Establishment zuzuschlagen und ihren Wahrheitsanspruch radikal zu relativieren. Wenn politische Gegner einen Streit um die Grenzen der Wissenschaft austragen, haben die involvierten Expertinnen nichts zu gewinnen. Umso mehr müssen sie sich durchringen, diese Diskussion selber zu führen, und zwar nicht im geschützten Raum der Universität, sondern vor der Öffentlichkeit.

Gehen wir (etwas) weg von der Politik, hin zum eigentlichen Demos: Anhänger:innen der Fridays-for-Future-Bewegung haben wissenschaftlicher Expertise eine hohe Priorität zugeschrieben und die Politik gemahnt, diese nicht zu ignorieren. Drückt sich hierin eine Tendenz zur Expertokratie aus, wie sie seit längerem prognostiziert wird, oder verweist die Kritik von Fridays for Future auf eine gegenteilige Entwicklung – den Relevanzverlust wissenschaftlicher Expertise?

Ein klares Zeichen für den Relevanzverlust der wissenschaftlichen Expertise sehe ich nur in Staaten, die von Populisten regiert werden. Das betrifft den Umgang mit dem Klimawandel genauso wie jenen mit dem Coronavirus, nur sind die Auswirkungen bei letzterem, wie man am Beispiel Brasiliens und Amerikas sehen kann, viel unmittelbarer spürbar. Die politische Dynamik, die Fridays for Future entfacht hat, hat meines Erachtens wenig damit zu tun, dass sich die Klimajugend die Politik als Ausführungsorgan der Wissenschaft wünscht. Solche Stimmen gab es schon zuvor. Vielmehr hat sie es geschafft, die älteren Generationen, die sie als Hauptverantwortliche für die Erderwärmung ansprach, mit moralischen Imperativen unter Handlungsdruck zu setzen. Die Sprecherposition der Jugend, die vom Nichtstun am stärksten betroffen wäre, gab der Aufforderung eine besondere Dringlichkeit. Die Tatsache, dass es Greta & Co. brauchte, um Bewegung in die Sache zu bringen, würde ich nicht auf eine breite Geringschätzung der wissenschaftlichen Expertise durch die Politik zurückführen. Auch Länder ohne prominente Klimaleugner à la Dick Cheney blieben lange untätig. Die große Schwierigkeit der Klimapolitik besteht nicht in der Existenz einer Minderheit von lautstarken Leugnern des Klimawandels, sondern in der Tatsache, dass die Bedrohung für die meisten Menschen nach wie vor zu abstrakt und die Auswahl an möglichen Maßnahmen zu komplex ist. Man muss den Klimawandel nicht leugnen, um nichts zu tun, solange man ihn so leicht verdrängen kann.

Experten, die zu medial erkennbaren Gesichtern der Pandemie wurden, sind in der Regel Männer. Oft ist die Klage zu hören, dass etwa in TV-Nachrichten, in Zeitungen diese Dominanz reproduziert, mithin auch perpetuiert werde, obwohl es ausreichend weibliche Expertise gibt. Wie erklären Sie sich das? Und sehen Sie Tendenzen einer Abkehr? Oder ist dies gar ein öffentlicher Eindruck, der innerhalb der Wissenschafts-Community nicht mehr zutrifft?

Zu Beginn der Pandemie konnte man tatsächlich meinen, die Rolle des medial dauerpräsenten Krisenexperten sei die letzte Bastion des wissenschaftlichen Patriarchats. In der Zwischenzeit hat es sich etwas verbessert, wenn auch auf niedrigem Niveau. Die Aussage, es fehle in krisenrelevanten Disziplinen wie der Virologie und Epidemiologie an qualifizierten Forscherinnen, trifft sicher nicht zu. Ebenso wenig kann man die Tatsache, dass von März bis Mai ein Alexander Kekulé auf allen Kanälen zu sehen war, eine Isabella Eckerle aber nicht, kaum auf ihren jeweiligen Forschungsausweis zurückführen – es sei denn, man erklärt die Flaute in Kekulés Labor zum Vorteil für die zeitraubende Expertentätigkeit im Fernsehen. Gleichzeitig haben mir Wissenschaftsjournalistinnen verschiedener Medien in Deutschland und der Schweiz versichert, es habe schon zu Beginn nicht an Bemühungen gefehlt, Expertinnen für Interviews zu gewinnen. Nur hätten die angefragten Frauen reihenweise abgesagt, während sich die Männer gerne zur Verfügung stellten. Das Fehlen weiblicher Stimmen in diesem Feld dürfte also weniger auf aktive Diskriminierung als auf kulturelle Barrieren zurückzuführen sein. Der Auftritt als Expertin verlangt eine Kombination von Verhaltensweisen, die noch heute männlich konnotiert sind und damit auf Frauen abschreckend wirken können. Man muss öffentlich in aller Selbstverständlichkeit als Repräsentantin eines ganzen Forschungsfeldes auftreten, ohne von der eigenen Fachcommunity in diesen Rang gewählt worden zu sein. Man muss dabei Komplexität reduzieren bis an die Schmerzgrenze, womit man neben Neid und Missgunst auch Kritik und Verachtung von Kollegen auf sich zieht. Schließlich muss man, gerade als Frau, mit Anfeindungen aus der breiten Öffentlichkeit rechnen und diese, so gut es geht, an sich abperlen lassen können. Ich bewundere daher die Frauen, die es jüngst trotzdem gewagt haben, und hoffe, dass durch ihre Vorbildfunktion auch die Figur der Expertin zu einer neuen Normalität wird.

Klima- und Coronakrise sind auch die Zeit öffentlicher Expertise. Laufen da Expert:innen nicht Gefahr, Aktivist:innen zu werden? Oder muss Wissenschaft nicht sogar aktivistisch werden, wenn Politik handlungsunfähig bzw. -willig ist?

Wissenschaft muss aktivistisch werden, wenn ihr die Politik die kalte Schulter zeigt oder ihre Ergebnisse und Empfehlungen ins Gegenteil verkehrt. Nur ist die Rolle des Experten dafür aufgrund der Einschränkungen, die ich zu Beginn genannt habe, nicht geeignet. Für öffentliches Engagement müsste die Rolle des fachlich ausgewiesenen Intellektuellen reaktiviert werden, deren Mobilisierungspotential vor allem in den Naturwissenschaften zu wenig genutzt wird. In gewisser Weise stellen technokratische Selbstinszenierungen den Versuch dar, aus der Expertinnenrolle alles herauszupressen, was sie an aktivistischem Potential birgt. Das mag auf Twitter oder Facebook noch einigermaßen klappen, aber sobald die Inszenierung mit einer offiziellen Tätigkeit in der wissenschaftlichen Politikberatung einhergeht, ist sie zum Scheitern verurteilt. Man kann, wie es der ehemalige britische Innenminister Alan Johnson treffend gesagt hat, nicht zugleich unabhängiger Experte für die Regierung und Aktivist gegen die Regierung sein. Wer sich für den Aktivismus entscheidet, muss sein Expertenamt aufgeben.

Das Internet und insbesondere die sozialen Medien sind Orte der Vermittlung von Wissen geworden. Expertise kann sich jenseits von journalistischen Gatekeepern und Politik erklären und engagieren. Was macht das mit den Expert:innen?

Die wachsende Bedeutung der neuen Medien führt meines Erachtens weder zu einer größeren Unabhängigkeit der Wissenschaft von der Politik noch zu einem Relevanzverlust der alten Medien. Vielmehr entstand in der Coronakrise, was die Kommunikation von Expertise angeht, eine viel stärkere Interaktion zwischen alten und neuen Medien, von der beide profitieren. Nach Ausbruch der Pandemie haben viele Forschende ihre Twitter-Aktivität massiv ausgebaut. Die Plattform wurde nicht nur dazu genutzt, um provisorische Ergebnisse eigener Studien und Kommentare zu anderen Papers zu posten, sondern auch, um Einschätzungen zur Gefahrenlage und politische Empfehlungen abzugeben. Damit leistete Twitter für Redakteurinnen alter Medien zweierlei: Es wurde zu einer erstrangigen Informationsquelle und einer Rekrutierungsplattform für angehende Experten. Und da auf Twitter jene Stimmen dominieren, die keine Scheu vor Zuspitzung und Polemik zeigen, gab es bald eine Reihe von Männern, die als Experten im Fernsehen, im Radio oder in Zeitungen pointierte Kommentare zum Pandemiegeschehen und Ratschläge an die Adresse der Politik abgaben. Sobald die Sendung ausgestrahlt oder das Interview publiziert war, posteten sie wiederum auf Twitter die saftigsten Zitate daraus. Wie es um ihre Fachkompetenz stand, war aufgrund der Twitter-Kommunikation schwer einzuschätzen und wurde von vielen Medienschaffenden auch nicht überprüft. So bestand bei einzelnen

Figuren zwischen Expertenprominenz und wissenschaftlicher Reputation eine Schieflage, und diese wurde noch größer, wenn die betreffenden Herren, was die Verbindlichkeit ihrer politischen Forderungen betraf, mit dem Gestus expertokratischer Souveränität auftraten. So gut sich Twitter als Forum für den raschen Austausch von wissenschaftlichen Rohinformationen eignet, so ambivalent wirkt es als Plattform für den Aufbau von Expertise.

Anstelle eines prognostischen Blicks nach vorn, der historische Blick zurück, um nach vorn schauen zu können. Ganz intuitiv: Welches historische Szenario fällt Ihnen ins Auge, von dem Sie sagen würden, dieses Zusammenspiel von Expertise und Demokratie hätte es nie geben sollen?

Für das größte Fiasko einer demokratischen Auseinandersetzung, die in der jüngeren Geschichte unter Rückgriff auf wissenschaftliche Expertise geführt wurde, halte ich die Kampagne des Remain-Lagers in Großbritannien vor dem Brexit-Votum 2016. Wie der Politologe Matthew Goodwin gezeigt hat, entschied sich das Team um David Cameron schon früh, auf normative Argumente für den Verbleib in der Europäischen Union zu verzichten. Öffentliche Umfragen hatten ergeben, der Ruf der EU in der britischen Bevölkerung sei so schlecht, dass Appelle an europäische Werte und Solidarität in den Wind gesprochen seien. So entschied man sich, die ökonomischen Folgen eines Austritts aus der EU in den Mittelpunkt der Kampagne zu stellen. Dazu brauchte man nationale und internationale Expertenorganisationen, die Prognosen abgaben, wonach Großbritannien im Fall einer Annahme des Referendums sofort in eine lang anhaltende Rezession abgleiten würde. Die Botschaft war so einfach wie undemokratisch: Wer Verstand hat, hat keine Wahl. Zur Achillesferse der Strategie wurde jedoch, dass die Glaubwürdigkeit ökonomischer Experten seit der Finanzkrise arg gelitten hatte und der Großteil der Bevölkerung wirtschaftlich so schlecht gestellt war, dass er sich von einer Angstkampagne nicht mehr erschrecken ließ. Dies nutzte die Leave-Kampagne aus. Erst erzeugte sie Aufbruchstimmung mit großmundigen Versprechen von Freiheit und Selbstbestimmung, dann spielte sie den »wahren Instinkt« des Volkes gegen das »falsche Wissen« der Experten aus, und schließlich feierte sie nach gewonnener Abstimmungsschlacht auch noch den Triumph, dass die kurzfristigen Expertenprognosen des Remain-Lagers nicht eintrafen. Am meisten bedrückt mich an dieser Geschichte aber, dass man im Remain-Lager, mit dem ich politisch sympathisiere, bis heute die Wunden leckt und die berechtigte Wut auf Boris Johnson zum Vorwand nimmt, um mit demokratisch problematischen Strategien weiterzufahren.

Wo würden Sie ein idealtypisch gutes Beispiel für das Zusammenspiel von Expertise und Demokratie sehen?

Das idealtypisch gute Beispiel gibt es wohl nicht. Aber wenn ich einen jüngeren Fall anführen müsste, bei dem wissenschaftliche Expertise die demokratische Debatte bereichert hat, so wäre es die Auseinandersetzung um das ausgehandelte, aber noch nicht ratifizierte Rahmenabkommen der Schweiz mit der Europäischen Union. Als die Eckpunkte des Abkommens bekannt wurden, haben die vorbereitenden Kommissionen im Parlament eine Anhörung mehrerer Expertinnen aus unterschiedlichen Disziplinen durchgeführt und diese im Netz live übertragen. Das Vorhaben war riskant, weil solche Anhörungen normalerweise unter Ausschluss der Öffentlichkeit stattfinden, um den freien Meinungsaustausch zu erleichtern. Die Einschätzungen der Experten zum Vertragsentwurf gingen weit auseinander, aber da zwischen ihnen zugleich ein Grundkonsens bestand, dass der Vertrag für die Schweiz von enormer Tragweite sein würde und dabei Chancen wie Gefahren berge, war die Diskussion zugleich lebendig, respektvoll und instruktiv. Am meisten beeindruckt hat mich aber, dass die Parlamentarier den Expertinnen während mehrerer Stunden die Bühne überließen und ihren Ausführungen folgten, ohne den Eindruck zu erwecken, sie würden dabei ihre politische Verantwortung für das Geschäft aus der Hand geben. Allerdings gibt es auch bei dieser Geschichte einen Haken: Mein Lob kommt verfrüht, denn nach dem vielversprechenden Auftakt der Debatte wurde das Geschäft, wie es bei heiklen Materien in der Schweiz nicht selten vorkommt, auf die lange Bank geschoben. Dort liegt es bis heute, und so wird sich erst weisen müssen, ob daraus eine Sternstunde für das Zusammenwirken von Demokratie und Expertise wird.

Das Gespräch führten Michael Lühmann und Luisa Rolfes.

Prof. Dr. Caspar Hirschi, geb. 1975, ist seit 2012 Lehrstuhlinhaber für Allgemeine Geschichte an der Universität St. Gallen. Er studierte Geschichte und deutsche Literatur an den Universitäten Fribourg und Tübingen und lehrte an der Universität Cambridge und an der ETH Zürich. Zu seinen Forschungsgebieten gehört die Geschichte des Nationalismus und Populismus sowie das Verhältnis von Wissenschaft und Politik in Geschichte und Gegenwart.

FAST, PUBLIC, TWEET SCIENCE

AUFTRITT UND IMAGE VON WISSENSCHAFTLERN IM ZEICHEN DES VIRUS[1]

Ξ Thomas Etzemüller

Stellen wir uns eine Finanzkrise vor, eine Pandemie, ein Hochwasser. Stellen wir uns die Akteure vor, die sie in den Griff bekommen sollen, die Experten: Politiker, Techniker und Wissenschaftler. Warum wirken sie kompetent, warum wirken sie inkompetent? Liegt es an dem, was sie tun? Erinnern wir uns an Matthias Platzeck. Der konnte sich bei gleich zwei Hochwassern, an Oder und Elbe, als Krisenorganisator bewähren; damals wurde er liebevoll-ironisch »Deichgraf« genannt. Für die Historiker: Helmut Schmidt erklärte als Innensenator einfach einen »übergesetzlichen Notstand« und brach die Verfassung, um die Hamburger Sturmflut in den Griff zu bekommen. Auf einer Pressekonferenz beklagte er als einziger nicht die Opfer, sondern präsentierte ausschließlich Fakten zur Lage. Das beeindruckte die Anwesenden nachhaltig. Seitdem war er der Inbegriff des kühlen Machers, ganz der Verantwortungsethiker, der auch den Entführern Hanns Martin Schleyers nicht nachgab. *Macher*, das wissen wir, ist ein Image, durch das sich Politiker profilieren können – Kompetenz vorausgesetzt.

Rekapitulieren wir die Medienbilder der Fluten: Wir sehen Deichgrafen, das THW, Soldaten, Hubschrauber und Baggerfahrer; alle arbeiten bis zur Erschöpfung und halten die Deiche (wenn das Wasser nicht stärker ist). An Wissenschaftler erinnere ich mich nicht. Die Finanzkrise um 2008: Politiker und Finanzfachleute stemmen sich gegen den Kollaps, Wissenschaftler stehen an der Seitenlinie und kommentieren oder werden als Berater in die Krisenstäbe geholt. Corona heute: Vor den Kameras betroffene, mal väterlich, mal energisch leitende Politiker und Krankenhauspersonal, das wieder bis zur Erschöpfung arbeitet. Gemeinsam mit einer einsichtigen Bevölkerung halten sie den Scheitel der Infektionen niedrig genug. Die Flut zieht zwischen den Dämmen hinreichend ausgestatteter Krankenhäuser dahin.

1 Fertiggestellt im August 2020; ich danke Sabrina Deigert und Björn Bertrams für ihre substanziellen Recherchen. Ihnen beiden sowie Iris Carstensen zudem Dank für fundierte Überlegungen zum Thema und kritische Lektüre dieses Textes. Für Letzteres danke ich auch David Kuchenbuch und Ariane Leendertz.

Und die Wissenschaftler? Stehen plötzlich im Zentrum. Wie nie berufen sich die Politiker auf sie, denn sie sind darauf angewiesen, dass ihnen Virologen, Epidemiologen und Infektiologen innerhalb kürzester Zeit eine effiziente Seuchenstrategie entwerfen und der Öffentlichkeit die Krise erklären. Das Ansehen der Wissenschaft ist in Deutschland seit Jahresbeginn rasant gestiegen, meldet der *Spiegel.* Goldene Zeiten für die Forschung, könnte man vermuten. Oder ein Problem?

Wissenschaft benötigt Zeit für ihre Arbeit. Man stellt Hypothesen auf, diskutiert, korrigiert, widerlegt und verwirft vorläufige Befunde, bis man irgendwann ein valides Ergebnis hat – aber auch das ist zumeist mit einem Verfallsdatum versehen. In der Wissenschaft gibt es selten Gewissheiten, zumeist nur Wahrscheinlichkeiten, sie ist stets eine Expedition ins Ungewisse und man muss mit Unsicherheit leben können. Journalisten und Politiker jedoch haben wenig Zeit und verlangen umgehend widerspruchsfreie Antworten, besonders jetzt. Sie monieren, dass Wissenschaftler in der Bekämpfung der Corona-Pandemie einander widersprechen, ohne dass offenbar einer Recht hat, und dass sie wöchentlich neue Einschätzungen verlautbaren. Einigen Journalisten gilt das als Eingeständnis vorhergehender Irrtümer oder gar *Fehler.*[2] Ein Vieldeutigkeitsschema prallt auf den Eindeutigkeitsimperativ – und so muss die Wissenschaft gerade in aller Öffentlichkeit vorführen, was sie sonst mit guten Gründen hinter den Kulissen praktiziert: ein kontrolliertes und kompetentes Stochern im Nebel mit dem Versprechen auf eine Lösung, irgendwann. Für viele ist das ein Zumutung, denn Corona verlangt *rasch* Entscheidungsgrundlagen und, höchst zielgenau, *action:* Pandemie eingrenzen, Moral erhalten, Wirtschaft stützen.

Es ist ein Irrtum, zu glauben, nur Politiker wären auf ein Image angewiesen. Wissenschaftler sind es auch. Die *Science Studies* haben längst darauf aufmerksam gemacht, dass Wissenschaft eine soziale Seite hat. Es wird nicht einfach geforscht, es wird interagiert. Es gibt Machtkämpfe, Lagerbildung, Eifersucht, Eitelkeit, Exklusion. Dadurch werden »legitime Sprecher«[3] bestimmt, denn in der Wissenschaft soll, aus Gründen der Effizienz, nicht jeder bei allen Themen mitreden, und nicht jeder, der darf, wird tatsächlich gehört. Wissenschaftler müssen mehr als bloß neue Erkenntnis erzeugen, sie müssen diese mit Hilfe ihrer Person durchsetzen. Sie müssen *als* Wissenschaftler anerkannt werden, ihre Aussagen müssen als *relevante* wissenschaftliche Aussagen rezipiert werden, um Gewicht und Evidenz zu erlangen. Stellen wir uns vor, Dr. rer. nat. Angela Merkel wollte nach ihrer Kanzlerschaft eine Seniorprofessur in Physik anstreben. Man würde ihr höflich zu verstehen geben, dass sie vor gut dreißig Jahren ihr Fach sicherlich beherrscht habe. Ihre Aussagen wären, wie es

2 Zwei Drittel von 1009 Befragten hielten Kontroversen in der Wissenschaft allerdings für hilfreich, verkündete der *Spiegel* vom 28.4.2020.

3 Michel Foucault, Archäologie des Wissens, Frankfurt a.M. 1992, S. 76.

Michel Foucault formuliert hat, nicht (mehr) »im Wahren«,[4] man würde sie eher an eine Politikhochschule verweisen.

Wer Wissenschaftler werden will, muss deshalb dreierlei erfüllen: Erstens hat er oder sie eine fundierte *Ausbildung* aufzuweisen und sich im eigenen Fach zu profilieren. Das ist die ebenso triviale wie grundlegende Voraussetzung. Blender ohne Kompetenz verglühen rasch. Zweitens muss man sich zu einem spezifischen *Subjekt* sozialisieren lassen.[5] Wissenschaftler zeichnen sich durch eine Gradwanderung aus. Sie sind in der Forschung an- und abwesend zugleich. Anwesend sind sie in der Form eines Eigennamens, der auf jeder wissenschaftlichen Publikation prangt und für wissenschaftliche Qualität bürgt, weil der Name für erfolgreiche Forschung steht: Wir haben X so und so oft gesehen/gehört/gelesen und wissen, dass sie/er hervorragend ist. Die Person ist unübersehbar präsent. Zugleich verschwindet sie, indem sie in Texten fast schon radikal eliminiert wird, beispielsweise durch das abstrakte Kürzel »Vf.« oder durch die geläufigen Passivformulierungen »es ist zu zeigen«, »dieser Text wird zeigen« usw. Die im Eigennamen konkrete Person hat sich bewusst aus dem Text herausgenommen, um ihn nicht durch ihre allzu menschliche Subjektivität zu verunreinigen. Man muss lernen, ein präsent abwesender Autor zu werden, um sich auf eine anerkannte, objektivierende *Stimme* zu reduzieren. Dieser wissenschaftliche Habitus imprägniert irgendwann die gesamte Person. Wer statt rasch zu polemisieren und zu werten *in nahezu jeder Lebenslage* automatisch abzuwägen, zu reflektieren und zu differenzieren weiß, der oder die ist erfolgreich sozialisiert. Als Politiker dagegen wird man es schwer haben. Zwar determiniert so ein Habitus nicht, man kann das Feld wechseln. Es scheitern jedoch, nicht ohne Grund, signifikant viele Wissenschaftler in der Politik, oder an den Medien.

Wie merken die Kolleginnen und Kollegen aber, dass man ihresgleichen geworden ist? Indem man, drittens, immer wieder den adäquaten *Auftritt* hinlegt.[6] Auf Tagungen, in Universitätsgremien und Kooperationsprojekten, in CVs, durch Publikationen und Anträge beglaubigt man sich in unzähligen, beobachtbaren Handlungen *als* Wissenschaftler, als jemand, der oder die solide das Handwerk beherrscht, hinreichend kreativ ist und versteht, die wissenschaftlichen Umgangsformen einzuhalten. Denn bei der Flut an Publikationen und wissenschaftlichen Aussagen, die ins Wahre gerückt sein wollen, muss es Filter geben, um effizient selektieren zu können. Mit seiner Person bürgt man öffentlich sichtbar, wie in der Frühzeit der Wissenschaft, für Evidenz und Relevanz der eigenen Forschung. Man *verkörpert* sie. Permanent werden Kleidung, Körperhaltung, Gestik, Sprache, Narrative, Begriffsverwendung, Referenzen auf Kollegen (und Kolleginnen) oder

4 Ebd.

5 Vgl. Thomas Etzemüller, Der »Vf.« als biographisches Paradox. Wie wird man zum »Wissenschaftler« und (wie) lässt sich das beobachten?, in: Thomas Alkemeyer u. a. (Hg.), Selbst-Bildungen. Soziale und kulturelle Praktiken der Subjektivierung, Bielefeld 2013, S. 75–95.

6 Vgl. Thomas Etzemüller, »It's the performance, stupid«. Performanz → Evidenz: Der Auftritt in der Wissenschaft, in: Ders. (Hg.): Der Auftritt. Performanz in der Wissenschaft, Bielefeld 2019, S. 9–43.

die Großen des Faches, sogar der *small talk* auf Passfähigkeit geprüft. Auftritte sind Choreografien, in denen die Rollen zwischen Darstellern und Zuschauern beständig wechseln. Sie erleichtern die Diskussionen um Daten und deren Interpretationen. Komplexe Materie verhandelt sich am leichtesten, wenn unnötige Störungen durch konformes Verhalten ausgeschlossen sind. Deshalb auch sind diejenigen Auftritte am gelungensten, die gar nicht als solche auffallen, weil die Fähigkeit zur Performanz in den Habitus übergegangen ist. Wenn alle ihre Rolle spielen, Debatten kontrovers, aber reibungslos und ergebnisorientiert verlaufen, besteht das Kollektiv gemeinsam eine Prüfung, *weil* niemand gemerkt hat, dass es etwas zu prüfen gab. Genau deshalb ist der scheinbare Nichtauftritt die bevorzugte Auftrittsform von Wissenschaftlern – das Licht der Öffentlichkeit, die schnelle Schlagzeile der Medien, der regelmäßig »bespielte« (und bereits auch kuratierte) Twitter-Account sollte eigentlich ihr Ding nicht sein. Denn es geht um die Sache, nicht um die Person, und die Sache ist etwas für die Fachleute, nicht für die laienhafte Öffentlichkeit.

Schauen wir uns die Auftritte von drei Wissenschaftlern in den Zeiten von Corona an, und was da zurzeit mit der Wissenschaft passiert. Zuerst ein Blick in die *Süddeutsche Zeitung* vom 17. Juni 2020. Dort sehen wir ein Bild, das Horst Seehofer, Lothar Wieler und Jens Spahn zeigt. Wieler, der Wissenschaftler, Leiter des Robert-Koch-Instituts, sitzt zwischen zwei Politikern. Was fällt auf? Nichts Besonderes. Die Herren tragen Anzug, Krawatte, die Hände sind gefaltet auf dem Tisch. Zwei lächeln verhalten; ob Wieler zustimmend schmunzelt zu dem, was Horst Seehofer gerade sagt, ist nicht auszumachen. Strahlt dieses Bild Seriosität aus? Ganz gewiss. Drei Profis. Gäbe es den Bildtext nicht, könnte man Politiker und Wissenschaftler gar nicht auseinanderhalten. Wer diese Beobachtung für trivial hält, sollte sie gedanklich durch Joseph Beuys, Nina Hagen und Klaus Kinski ersetzen und überlegen, ob er diese exaltierte Truppe immer noch als ernsthafte wissenschaftlich-politische Problemlöser empfände. Wieler fällt nicht auf, und genau das ist der ideale Auftritt des Wissenschaftlers: In Kleidung, Gestik, Worten und Körperhaltung *gemäßigt.* So sitzt er denn regelmäßig vor der Kamera; die gefalteten Hände auf dem Pult ruhend, mit kaum bewegtem Oberkörper, nur der Kopf dreht sich in die eine oder andere Richtung, verkündet er mit sonorer Stimme seine Einschätzung zur aktuellen Situation. Emotionen bleiben außen vor, und deshalb gilt er unter Kollegen als »idealtypische Besetzung«: fachlich versiert, sachlich und präzise. Die *Zeit* behauptete sogar: Seine »schiere Präsenz beglaubigt die Maßnahmen der Bundesregierung auf so nachhaltige Weise«[7] (obwohl auch er seine Meinung schon gründlich ändern musste). Er sei »das

7 Miriam Lau, Ist das unser neuer Kanzler?, in: Die Zeit, 19.03.2020.

ernste Gesicht der Corona-Krise« *(Augsburger Allgemeine)*, der die wöchentlichen »Lageberichte« *(Kölner Stadtanzeiger)* vortrage.

Der Auftritt ist ein Bild *nach* außen, das Image das Bild *von* außen. Das eine bietet der Forscher, um Komplexität in der Wissenschaft zu reduzieren, das andere konstruieren die Medien, um ihn in eine Sozialfigur, die die Öffentlichkeit versteht und als *ihresgleichen* akzeptiert, zu »übersetzen«. Dazu braucht es das »Menschliche«. Aber Wieler der Wissenschaftler hielt sich als Mensch bislang unter Verschluss. Er gab ein paar karge Informationen zu seinem Leben: dass er in der Schulzeit lieber Fußball gespielt hat, als sich in der Schule anzustrengen, und dass er Fan des 1. FC Köln ist. Seine Herkunft vom Lande habe ihn bodenständig gemacht, schrieben die Zeitungen; die meisten Zeilen füllten sie allerdings mit seinem fachlichen Lebenslauf.

Mit Christian Drosten sind die Medien glücklicher geworden. Der rockt ganz anders. »Drosten goes Punk«, titelte die *Süddeutsche Zeitung* am 21. Juli 2020. Eine Band hat ihm den Song »Ich habe Besseres zu tun« gewidmet, weil er die *Bild* nach einer unverschämten Anfrage auf Twitter hatte abblitzen lassen, und er versprach, mit ihnen zu musizieren. »Chuck Norris der Wissenschaft« nennt die Band ihn. Der *Spiegel* hat ihn als erst dritten Wissenschaftler auf das Titelbild gesetzt und in kunstvollen Fotografien zelebriert. Er hat zwei Fanklubs! Der eine nennt sich #TeamDrosten, der andere sogar »Drosten-Ultras«. Beide betreiben, gegen seinen Willen, Personenkult. T-Shirts mit der Aufschrift »Team Drosten« werden verkauft, auch Sweatshirts, Masken und Kaffeebecher, auf denen er eine *Bild* in den Papierkorb wirft. In den »Drosten UltraCuts« werden seine Fernsehauftritte so zusammengeschnitten, als habe er die Sendungen allein bestritten. Im NDR hat er einen Podcast bekommen, in dem er die Pandemie informativ und verständlich erklärt. Er vereinfacht nicht, er doziert präzise, er hinterfragt sich und revidiert seine Thesen – Wissenschaft kompliziert. Und wohl genau deshalb ist der Podcast allein bis Mai 2020 etwa 41 Millionen Mal abgerufen worden und hat Tausende von Hörerzuschriften provoziert. Es ist der mit Abstand populärste Corona-Podcast, ausgezeichnet mit zwei Grimme-Preisen. Drosten wurde immer sichtbarer und politisch einflussreicher. Muss *der* Mann der Wissenschaft nicht recht suspekt sein?

Für die Kollegen und Kolleginnen ist die Frage leicht zu beantworten. Drosten ist ein Spitzenwissenschaftler an der Berliner Charité, der bereits erfolgreich zu SARS-Coronaviren geforscht hat und in der aktuellen Pandemie deshalb schnell zum wichtigsten Berater der Bundesregierung aufstieg. Er legt einen dem Wissenschaftler gebührenden, abwägenden, differenzierenden Habitus an den Tag. In seinen öffentlichen Auftritten ist nichts Punkiges zu erkennen. Drosten ist seriös gekleidet, spricht in den Talkshows und Fernsehinterviews mit neutralem Gesichtsausdruck, sehr konzentriert, er weiß genau den Comment einzuhalten. Auch seine angenehm ruhige Stimme fällt nicht aus dem Rahmen, höchstens die wuschelige Frisur. Dass er manchmal kein Jackett und selten Krawatte trägt – vor dreißig Jahren wären Wissenschaftler so kaum aufgetreten, aber die Etikette wird heute allgemein gelockert. Deshalb ist die Sache klar: Die Medien mögen ihn stilisieren, das Volk mag ihm folgen, aber er gehört zur Wissenschaft. Die schaut auf den Auftritt, nicht das Image. Die Medienöffentlichkeit wiederum schließt vom Image auf den seriösen Wissenschaftler. »Ganz in seinem Metier«, präsentiert ihn die *Deutsche Presseagentur*, wenn er im weißen Kittel eine Probe untersucht – sie also für das Foto in seinen Händen hält. Das beglaubigt ihn wie eine Uniform den Polizisten.[8] Aber die Medien haben in ihm auch den Menschen. Das notieren sie: Er stammt aus einer Emsländer Bauernfamilie und ist bodenständig geblieben. Er hatte mehrere Studiengänge ausprobiert, bevor er sein Fach fand. Er hat seine Forschungsergebnisse immer rasch mit den Kollegen geteilt – »Transparenz bis zur Schmerzgrenze«.[9] Er entwickelte 2003 im Schnellverfahren einen SARS-Test mit und bekam dafür das Bundesverdienstkreuz verliehen. Und er macht Bescheidenheitsgesten, dass es bessere Wissenschaftler als ihn gebe und er nach wie vor ein Lernender sei. Er kommuniziert verständlich und auf Augenhöhe und lässt in seinem Podcast immer wieder Persönliches durchschimmern: den Virologenblick auf den Alltag, wenn ihm gezapftes Bier wegen der schlecht gespülten Gläser (auch ohne Corona) riskant erscheint, er und seine Partnerin dieselben Kitaprobleme haben wie wir alle, er radelt und gar nicht froh ist über seine Rolle als Medienstar. Den Podcast, sagt er, habe er aus der Verpflichtung zur Aufklärung begonnen, dabei seien Medienpräsenz und Twitter-Follower kein Erfolgsmaß in der Wissenschaft, im Gegenteil: Der öffentliche Zwang zur Vereinfachung könne der Karriere schaden. Deshalb auch habe er sich das Langformat im Radio ausbedungen, um Komplexität entfalten zu können. Kurz und gut: Man bekomme einen Eindruck von Drosten als Mensch, darüber waren sich Karal Kenya und Dennis Kogel in ihrem »Über Podcast« am 27. März 2020 einig. Das mache ihn nahbar, sympathisch und – glaubhaft. Er sei mehr als eine ungreifbare Stimme aus dem Off.

»Der Mensch« Drosten ist vertrauenswürdig, und das macht auch sein Wissen vertrauenswürdig: »Prof. Drosten – eine seltene Erscheinung von

8 Sein Kollege Hendrik Streeck zeigte sich im »Deutschlandfunk« über den inszenierten Charakter solcher Aufnahmen irritiert: »Die denken ja auch, man würde als Wissenschaftler [...] irgendwie so mit seinem Reagenzgläsern [sic] noch mischen, wie oft ich irgendwie von Fernsehkameras gefragt werde, doch noch mal eine Pipette in die Hand zu nehmen. Ich hatte, glaube ich, seit acht Jahren keine Pipette im echten Leben mehr in der Hand, sondern das sind Bilder, die von Wissenschaftlern erzeugt werden«, Stephan Beuting, Das Dorf, das Virus und die Studie – Die Heinsberg-Story, in: ARD Audiothek, 03.08.2020, URL: https://audiothek.ardmediathek.de/items/78468804 [eingesehen am 12.08.2020].

9 Die Zeit, 19.03.2020.

Kompetenz, Aufrichtigkeit und Authentizität im medizinischen Metier. Man kann ihn nur lieben und bewundern. Er hat mein vollstes Vertrauen. Danke!«, heißt es in einem Kommentar zur Talkshow von Maybrit Illner am 12. März 2020.[10] »In diesem ›Hallo‹ [zu Beginn jeder Podcast-Folge] steckt alles, was ihn ausmacht. Das Augenzwinkern, die überlegene Ruhe, das Nerdtum, weil er in die Begrüßung immer auch einen Hauch Ironie über die unnötige Floskel legt, er will ja loslegen und findet solche Begrüßungen eigentlich unnötig und albern«, schrieb ein *user* auf Twitter.[11] Und nach einer Pressekonferenz im März 2020 finden sich folgende Kommentare unter dem »Drosten UltraCut #6«: »Drosten ist ein Ehrenmann!« – »Der Drosten macht mir immer Hoffnung, dass wir doch noch relativ gut durch diese Krise kommen. Einfach ein Ehrenmann.« – »Es ist schier unglaublich, was für ein Glück dieses Land hat, und alle ausländischen Kollegen, dass dieser Mann so ist, wie er ist! Unglaublich intelligent (natürlich), aber dennoch bescheiden und zurückhaltend, kein bisschen überheblich. Zusätzlich mit der seltenen Gabe versehen, Dinge verständlich und allgemein aufnehmbar zu erklären. Dies ist gar nicht selbstverständlich, denn es ist allzu leicht, sich an der Fachsprache zu ergötzen, und der abgrenzenden und stilisierenden Wirkung zu erliegen. Der allergrößte Respekt gilt daher Prof. Drosten, ein Leuchtturm der Wissenschaft und Aufklärung!«[12] Jan Fleischhauer ätzte missgünstig im *Focus*, dass Drosten der Robert Habeck der Medizin sei. Alles an ihm stoße auf Wohlgefallen. Natürlich! Denn Drosten funktioniert als Sympathieträger, Übersetzer und Schutzschild. Er macht verständlich, dass Wissenschaft anders ticken *muss* als Medien und Politik, dass sie trotzdem aber bei der Lösung des Problems vorankommt. Und er bedient die alte Sehnsucht nach einer »Herrschaft der Experten«, die vermeintlich rein sachliche Entscheidungen treffen, statt wie die politischen Zausel zu streiten. »Ist das unser neuer Kanzler?«, wurde folglich alsbald getitelt.[13] Dass Drosten die Medien unangefochten dominiert, hat den *Spiegel* sogar beruhigt: »Journalisten zitieren eben nicht nur jene Experten, die knackige Zitate liefern. Sondern auch den vorsichtig abwägenden Wissenschaftler.«[14]

Nun sind wir an dem Punkt, an dem jeder Drehbuchautor einen Gegenspieler zur Konturierung des Helden benötigt. Diese Rolle haben einige Medien dem Virologen Hendrik Streeck zugeschrieben. Streeck ist Nachfolger Drostens an der Universität Bonn, ein anerkannter Virologe, dessen wissenschaftlicher Auftritt so seriös ist, wie es sich gehört. In einigen Zeitungen wird er als ebenso engagierter Aufklärer wie Drosten inszeniert. Auch er ließ durchblicken, dass seine Karriere sympathisch mäandernd begonnen hat: Vom Musik- und BWL-Studium zum Virologen, der sich in der Aids-Forschung

10 Drosten UltraCut #3, in: YouTube, 12.03.2020, URL: https://youtu.be/SUmAbkDt-RE [eingesehen am 20.10.2020].

11 @froschfilm, Twitter, 03.06.2020, URL: https://twitter.com/froschfilm/status/1268277769596817413 [eingesehen am 20.10.2020].

12 Drosten UltraCut #6, in: YouTube, 26.03.2020, URL: https://youtu.be/ugsmTS1s_38 [eingesehen am 20.10.2020].

13 Die Zeit, 19.03.2020.

14 Holger Dambeck u. Achim Tack, Drosten ist die Nummer eins – aber nicht überall, in: Der Spiegel, 20.05.2020 URL: https://www.spiegel.de/gesundheit/corona-virus-christian-drosten-ist-nummer-eins-bei-medienpraesenz-von-virologen-a-e3d97148-06db-4b9d-bb5d-511543f7cf43 [eingesehen am 20.10.2020].

verdient machte – er ist offenbar ebenfalls eine am Gemeinwohl orientierte Forscherpersönlichkeit. Das #TeamStreeck ist nicht ganz so exaltiert, doch auch in den Kommentaren seiner Anhänger lesen wir, dass er ein sympathischer, angenehmer, vertrauenswürdiger Mensch sei. »Herr Stre[e]ck ist in diesen Ort [Gangelt] mit seinem Team reinmarschiert, zu einem Zeitpunkt als noch überhaupt nicht sicher war, wie gefährlich das Virus ist. Das Risiko ist er eingegangen – für alle! Heftig wie ich finde. Respekt hoch 3!«, schrieb einer.[15] Und eine andere: »Danke Herr Prof[.] Streeck für Ihre transparenten und ehrlichen Ausführungen. Professionel[l], charmant, ohne Panikmache. Sie sind top, bitte weiter so.«[16]

Wir wissen, dass der *plot* eines vernünftigen Katastrophenfilms eine große Bedrohung fordert und oft einen Wissenschaftler vorsieht, der seinen Elfenbeinturm verlässt, um im Wettrennen mit der Zeit die Welt zu retten. Streeck hätte in so einem Film zwei Rollen zur Auswahl: die eines »Dr. Watson« im Team des weltrettenden Naturwissenschaftlers Drosten oder die des erfolglosen Konkurrenten. Streeck wählte unfreiwillig Rolle Nummer zwei. Er hatte den entscheidenden Fehler gemacht, Auftritt und Image zu verwechseln. Als es nämlich in Gangelt im Kreis Heinsberg nach einer Karnevalfeier zu einer Masseninfektion kam, legte Streeck zusammen mit zwei Kollegen in kürzester Zeit die sog. »Heinsberg-Studie« auf, um erste Daten über Ansteckungswege und Todesraten zu bekommen. »Besser kann man es als Virologe wohl kaum machen: Hin zum Seuchenherd, Proben nehmen, Daten sammeln. Wissenschaft pur – und das inmitten eines gigantischen, globalen Sturms, der sich im März massiv zusammenbraut.«[17] Wie Drosten klagte Streeck über den Zeitaufwand, den die Öffentlichkeitsarbeit kostete. Das begriff die Public Relations-Agentur Storymachine offenbar als Chance, Werbung für sich zu machen. Sie bot Streeck an, das Projekt unentgeltlich medial zu vermarkten. Streeck nahm an und die Agentur eröffnete den Twitter-Account »Heinsberg Protokoll«, auf dem seine Untersuchungsgruppe optimistisch vom Fortgang ihrer Arbeit zu berichten schien. Ein Tweet zeigt den Chef, wie er auf dem Boden kniend versucht, einer Hauskatze den Abstrich zu nehmen. Tatsächlich jedoch formulierten die Mitarbeiter der Agentur die Tweets. Allein das hat in der Wissenschaft einen Hautgout, zumal einer der Storymachine-Chefs, Kai Diekmann, der ehemalige Chefredakteur der *Bild* ist. Es war nicht gleich klar, dass die Arbeit von Storymachine durch zwei Unternehmen finanziell gefördert wurde. Außerdem legte die Agentur in ihren Tweets und einem Strategiepapier nahe, dass man »ein Narrativ setzen« und eine »Message verbreiten« wolle, nämlich dass die Studie Lockerungen begründen werde, dass sie also bewusst mit einer politischen Mission

15 Kommentar zu »Jung & Live« #23, in: YouTube, URL: https://youtu.be/xnwkKQnvjjg [eingesehen am 01.08.2020].

16 Kommentar zum ARD-MOMA vom 18.03.2020, URL: https://www.daserste.de/information/politik-weltgeschehen/morgenmagazin/videos/Hendrik-Streeck-Virologe-100.html [eingesehen am 05.08.2020].

17 Christian Schwägerl u. Joachim Budde, Streeck, Laschet, StoryMachine: Schnelle Daten, pünktlich geliefert, in: riffreporter.de, 14.04.2020, URL: https://www.riffreporter.de/corona-virus/corona-streeck-heinsberg-pandemie-exit-laschet/ [eingesehen am 05.08.2020].

aufgelegt worden sei.[18] Und dass sie eine Reihe von Bildern twitterten, gab Kritikern die Möglichkeit, auf diesen vermeintliche Verstöße gegen die Hygienebestimmungen zu erkennen.

Schlimmer wurde es auf einer Pressekonferenz in der Düsseldorfer Staatskanzlei, die, wie Streeck zugab, aus politischen Gründen terminiert worden war. *Dort,* nicht in einem wissenschaftlichen Umfeld, sollten »Zwischenergebnisse« der Studie vorgestellt werden, also noch keine fertige Studie. Zu Beginn dachte Ministerpräsident Laschet laut über Lockerungen nach, dann extrapolierten die beteiligten Wissenschaftler hemdsärmelig die Ergebnisse von Gangelt auf die gesamte Republik, nämlich die Vermutung einer doch vergleichsweise hohen Immunisierung der Bevölkerung. Sie präsentierten allerdings keine überprüfbaren Daten – das goutiert kein Wissenschaftler. Laschet hingegen hatte die ideale Vorlage, um Lockerungsforderungen nach Berlin zu melden. Christian Drosten teilte wenige Stunden später in einem Video-Chat und im »Heute Journal« desselben Tages mit, dass man aus der Pressekonferenz nichts ableiten könne, es sei zu wenig und zu unpräzise erklärt worden. Für Drosten war das sicherlich eine wertfreie wissenschaftliche Aussage: ohne Daten keine sinnvolle Diskussion. Vielleicht hat er sich auch über diesen Schnellschuss des Konkurrenten geärgert. Die Medien deuteten die Reaktion freilich als schweren Angriff auf die Studie. Streeck wurde zudem verdächtigt, bloß dem Skript eines Netzwerks aus PR und Politik gefolgt zu sein; die Studie habe primär Schlagzeilen und politische Legitimation produzieren sollen. Er hatte gegen alle Regeln des wissenschaftlichen Auftritts verstoßen, und damit war die Untersuchung ramponiert. Als die spätere reguläre Veröffentlichung sie als durchaus solide auswies, flaute die Schelte zwar ab, doch wird sie weiterhin oft als »die umstrittene Heinsberg-Studie« bezeichnet.

Bei Christian Drosten lief es anders. Der kann auch schnell. In »Nature« durfte er 2009 berichten, wie er 2003 mit Kollegen im Rekordtempo einen Test für die Schweinegrippe entwickelte. Zwischendurch sei er sogar auf eine Hochzeit gegangen. 2020 dann werteten er und seine Gruppe »in einer Blitzaktion«, »innerhalb von ein paar Stunden« statistische Daten zur Konzentration von Corona-Viren im Rachen von Kindern aus. Das Papier wurde auf der Homepage der Charité präsentiert; kein signifikanter Unterschied zur Virenkonzentration bei Erwachsenen, twitterte Drosten anschließend und ärgerte sich, dass Medien wie der *Spiegel* umgehend über die »Seuchenverbreitung durch Minderjährige« spekulierten.[19] Er hatte, wie Streeck und andere, immer wieder darauf hingewiesen, dass Wissenschaftler nur Fakten zur Verfügung stellten; entscheiden müsse die Politik. Er verkannte offenbar, dass in einer

18 Stephan Beuting, Das Dorf, das Virus und die Studie – Die Heinsberg-Story, in: ARD Audiothek, 03.08.2020, URL: https://audiothek.ardmediathek.de/items/78468804 [eingesehen am 12.08.2020].

19 Andrej Reisin, Zweierlei Mass in der Corona-Berichterstattung. Von der fehlenden journalistischen Distanz zu Christian Drosten, in: Übermedien, 30.05.2020, URL: https://uebermedien.de/49613/von-der-fehlenden-journalistischen-distanz-zu-christian-drosten/ [eingesehen am 15.08.2020].

derartigen Situation auch eine differenzierte Interpretation von Daten (im *pre-print* und seinem Podcast) politische Wirkung entfaltet, erst recht, wenn sie griffig verkürzt wird (in seinem Tweet): Im Effekt »objektivierte« er eine Skepsis vor der Wiederöffnung von Kitas und Schulen. Umgehend meldeten sich zudem Statistiker zu Wort, die die Methode kritisierten. Einer empfahl sogar die Rücknahme der Studie. Die *Bild* versuchte dankbar, einen Skandal zu konstruieren. Sie stellte einige der Twitter-Zitate zusammen und gab Drosten eine Stunde Zeit für eine Stellungnahme – worauf der die Anfrage auf Twitter öffentlich machte und mit dem schnell populär gewordenen Satz »Ich habe Besseres zu tun« konterte. Die von *Bild* zitierten Kollegen schlossen die Reihen und distanzierten sich umgehend von der Kampagne, weshalb Drosten zurecht behaupten konnte, dass dieses Blatt seiner Reputation gar nicht schaden könne. In der Tat: Im System Wissenschaft befindet *Bild* sich nicht einmal ansatzweise »im Wahren«. Nach den üblichen Überarbeitungen gilt Drostens Studie nun als solider Baustein im Kampf gegen Corona und ihr Leiter *nicht* als beschädigt.

Was sind die Unterschiede? Drosten drosch unter dem Beifall der Republik auf die *Bild* ein, Streeck kooperierte indirekt mit einem ehemaligen *Bild*-Chef. Drosten betont ein ums andere Mal, dass die Wissenschaft Fakten liefere, aber keinerlei politisches Mandat habe; entscheiden müsse die Politik. Streeck tut dasselbe, erweckte aber den Anschein, dass ihn eine PR-Agentur und eine Landesregierung instrumentalisierten. Drosten bevorzugt einen wissenschaftsjournalistischen Podcast, um die Komplexität der Sache und die Botschaft kontrollieren zu können; Streeck sendet Tweets von seinem Account, die ihn mit Mitarbeitern als fröhlichen »Coronafighter« zeigen. Seinen Podcast hat der Bayerische Rundfunk aus unklaren Gründen eingestellt. Und dann noch das Aussehen: »Meine wissenschaftliche Analyse […] der medialen Streeck/Drosten-Saga: viele sind nur deswegen #TeamDrosten, weil er aussieht wie ein gut gealterter Britpop-Star, Streeck dagegen eher wie Klischee-BWL oder Junge Union«.[20]

Es heißt ja, dass Corona erbarmungslos die Schwachstellen der Gesellschaft offenlegt. Möglicherweise rückt sie auch die Konsequenzen der öffentlichen *fast science* ins Rampenlicht. *Fast science* ist ein zwiespältiger Trend der Forschung, von dem sich zunehmend Wissenschaftler verführen lassen. Sie bedeutet im Idealfall: keine Sackgassen, schnelle Ergebnisse, übersprungene Prüfverfahren, rasche Vorabpublikation *(pre-paper)* und, vielleicht, *publicity* in den Medien. *Pre-paper* haben den Vorteil, dass Kollegen eine Studie sofort kritisch kommentieren und die Autoren sie korrigieren können, bevor sie anschließend im zeitaufwendigen *Peer-Review*-Prozess eines

20 @HansEvert, Twitter, 30.05.2020, URL: https://twitter.com/HansEvert/status/1266664245124648961 [eingesehen am 06.08.2020]. Für die *Bild* war freilich Hendrik Streeck der »Sunnyboy unter den Virologen«, während die *Neue Zürcher Zeitung* am 07.04.2020 in Drostens Blick etwas »Düsteres« ausmachte: Ganz der Arzt, der dem Patienten mitteile, dass er nichts mehr für ihn tun könne.

möglichst renommierten *Journals* geadelt wird. Sie haben den Nachteil, dass sie öffentlich sind. »Ramsch [...] bleibt nicht unter Wissenschaftlern, die ihn als solchen erkennen können. Er gelangt unkontrolliert ins Netz, in Blogs, manchmal auch in die Medien«[21] – die oft zu gerne spektakuläre, aber ungesicherte Ergebnisse in reißerische Schlagzeilen ummünzen, ohne Kritik und spätere Korrekturen mitzubekommen (oder zu verstehen). *Fast science* verdankt sich gewiss einer zunehmenden Ökonomisierung der Wissenschaft; sie kann deshalb *die* Leitwährung der Forschung, Vertrauen, zerstören, wenn Eitelkeit und/oder Verwertungszwänge die Forscher treiben: »Forschende wollen möglichst die Ersten sein, die Ergebnisse liefern: Die Ersten, die ein Medikament finden. Die Ersten, die einen Impfstoff entwickeln. [...] Mit dem Tempo riskiert die Wissenschaft, dass ihr die Verlässlichkeit entwischt«, so der Kopenhagener Philosoph Vincent Hendricks[22] – zumal in vielen Disziplinen wissenschaftliche Ergebnisse rasch monetarisiert werden müssen.

Irgendwann im Zuge der Recherchen kam mir daher der Verdacht, dass Drosten und Streeck in den letzten Wochen noch eine ganz andere Rolle gespielt haben könnten. Denn wie ihr Wille, eine reale Krise effektiv anzugehen, medial zelebriert wird, das erinnert mich doch sehr an jenen alten Traum, endlich einmal alle »Hindernisse« wie Vorschriften, Verfahren, Kontrollen *mit einer einzigen Geste wegzuwischen*, damit die Experten das Ding nun reißen können – so wie Architekten von China schwärmen, weil man dort einfach eine Stadt hochziehen darf, oder Italien stolz den Bau der Genova San Giorgio ohne Ausschreibung und andere lästige Beschränkungen durchgezogen hat, oder Til Schweiger sich vorschriftswidrig durch den »Tatort« ballert. Zeit und Regeln, könnten die Auftritte unserer Virologen in diesem diskursiven Kontext signalisieren, sind lästig. Wir wollen Ergebnisse: je schneller, je eindeutiger, desto besser. Und weil sie durch ihren Auftritt ihre wissenschaftliche Seriosität belegen, belegen sie zugleich die Seriosität der *fast science:* Sie sind wissenschaftliche *Macher.* Dass sie die Komplexität und Unsicherheit der Wissensproduktion stark machen, unterlaufen sie zugleich durch ihre eigene Twitter-Kommunikation. Niklas Luhmann hatte postuliert, dass der spezifische Code eines Subsystems – im Falle der Wissenschaft »wahr/falsch« – nicht durch die Codes anderer Systeme substituiert werden dürfe und könne. Aber vielleicht schalten die Ökonomie (rentabel/nicht rentabel) und der Sport (Sieg/Niederlage) zwei immer wirksamere Filter vor, so dass die Frage wahr/falsch besser nur noch in Angriff genommen werden sollten, wenn sie die Kriterien *profitable/fast/first* erfüllt? Streeck jedenfalls hatte mit seinen »Zwischenergebnissen« zunächst sogar noch weniger als ein *pre-print* geliefert – *super fast science*, sozusagen.

21 Ronja Beck u. Marie-José Kolly, Die Wissenschaft im Stresstest, in: Republik, 17.03.2020, S. 8, URL: republik.ch/2020/03/17/die-wissenschaft-im-stresstest [eingesehen am 25.07.2020].

22 Zit. n. ebd.

Die Kombi aus Öffentlichkeit und *fast science* hat allerdings einen Preis. Mehrfach behaupteten die Virologen, dass eine Pressekonferenz doch eigentlich nichts anderes sei als ein *pre-paper*, ein fachlicher Tweet unter Kollegen dasselbe wie ein Diskussionsbeitrag auf einer Tagung. Offenbar aber ist ihnen entgangen – es fällt mir wirklich schwer zu glauben –, dass sie damit den umhegten Raum der Wissenschaft verlassen haben. *Jeder* kann das lesen und sich seinen eigenen Reim darauf machen oder, wie die *Bild*, einen Artikel aus Tweets zusammenstöpseln. Bei Tweets kann man nicht einmal mehr den Vorwurf des Aus-dem-Zusammenhang-Reißens erheben. Ein Leser hat es sinngemäß und treffend so kommentiert: Jeder werde von dem Publikum kritisiert, dass er sich ausgesucht habe. Nun müssen Drosten, Streeck und andere in den Talkshows den Gaul wieder einfangen, indem sie stets aufs Neue erklären, wie wissenschaftliche Kommunikation funktioniert, dass es keine vernichtende Kritik bedeute, wenn man Kollegen zur Veröffentlichung der Daten auffordere, dass Ratschläge stets auf dem *aktuellen* Kenntnisstand aufbauten, der sich durch Lektüre und kollegiale Hinweise täglich ändern könne, und dass sich Wissenschaft überhaupt durch Komplexität plus Unsicherheit auszeichne. Selbst Schuld, möchte man da sagen: Wer sich vom Medienformat verführen lässt und Fachdiskussionen auf Twitter verkürzt, sollte nicht überrascht sein, wenn deren Rezipienten sich deutlich anders benehmen als die Kollegen auf einem Kongress oder in der Redaktion eines Journals. Von daher zeigen die enttäuschten Drohungen Drostens und Streecks, sich aus der Öffentlichkeit, die sie ja aufklären wollten, zurückzuziehen, wie wenig ihnen der Unterschied zwischen Wissenschaftspopularisierung und öffentlicher Preisgabe fachspezifischer Diskussionen wohl bewusst gewesen ist. Man muss dazusagen, dass die Kollegen das Spiel eifrig mitspielen. Drosten verteidigte sich gegen die medialen Angriffe auf seine Studie, dass er in Mails hilfreiche Kritik erhalten habe, die in die Überarbeitung eingegangen sei. Die harsche (und nicht gerechtfertigte) Forderung, seine Studie zurückzuziehen, blies ein Kollege gleichwohl per Twitter in die Welt, und damit auch auf den Schreibtisch der *Bild*. Warum? Welchen wissenschaftlichen Mehrwert hat das? Übt das Medium einen derartigen Sog aus, dass die Finger einfach nicht mehr stillhalten können? Für mich ist es jedenfalls atemberaubend, wie wenige Naturwissenschaftler im 21. Jahrhundert von der zugleich notwendigen wie riskanten Mesalliance von Wissenschaft, Medien und Politik verstanden zu haben scheinen.

Und noch etwas wird – erneut – sichtbar und, das gehört zum Zeitgeist, sogleich statistisch erfasst: die Unterrepräsentation von Frauen. In einer der langen Pressekonferenzen, die man im Netz anschauen kann, taucht im

März 2020 die Medizinerin Susanne Herold auf, Leiterin der Infektiologie des Uniklinikums Gießen, weißes T-Shirt, Jackett, blondes langes Haar, konzentrierter Blick, sparsame Gestik; sie berichtet flüssig und in rascher Diktion von den Maßnahmen ihrer Klinik, wirft selten einen Blick auf ihre Notizen.[23] Ich habe sie noch einmal bei »Anne Will« gesehen, einmal in der »Tagesschau«, ansonsten ist sie mir nicht begegnet. Die Virologin Melanie Brinkmann bringt es auf die meisten Talkshow-Auftritte, dort könnte man sie von Kleidung und Gestik her mit einer Moderatorin verwechseln. Auch sie hat also nichts Abgehobenes, erklärt ebenso ernsthaft, eloquent und verständlich die Lage wie Drosten und Streeck. Warum zählen sie im Corona-Schauspiel, das die Medien inszenieren, nicht zu den Hauptdarstellern? Das RedaktionsNetzwerk Deutschland präsentierte die sieben bekanntesten Corona-Experten, darunter sind zwei Frauen (Brinkmann und Marylyn Addo); die MaLisa-Stiftung hat herausgefunden, dass im Fernsehen 22 Prozent der präsentierten Experten Frauen waren, in der Online-Berichterstattung sieben Prozent.[24] Wollen sie nicht, oder bekommen sie keine Bühne für ihren Auftritt? Ist es wie im Spielfilm: Mehr als drei, vier zentralen Protagonisten der Geschichte kann man nicht folgen?[25] Wieler: der Chef als wöchentlicher Lageberichterstatter. Streeck: der smarte Macher. Drosten: Spitzenvirologe und Bundescoronaerklärer.[26] Der Auftritt der Frauen: Typ Pressesprecherin, professionell, präzise und zurückhaltend. Macht das den Unterschied? Wollen wir uns durch Corona erneut bestätigen, dass Männer die eigentlichen Macher sind, Frauen das kompetente Begleitpersonal?

Ach so. Welcher Auftritt kommt nun am besten an? 60.000 Menschen beteiligten sich Anfang April an einer Online-Umfrage, welchem Virologen sie am meisten vertrauten. Das Ergebnis: Drosten 37 Prozent, Streeck 31 Prozent – Wieler 6 Prozent.[27] Es gibt halt kein #TeamWieler. Das dürfte diesen auch gar nicht tangieren. (Melanie Brinkmann, Marylyn Addo: je 3 Prozent.)

23 Pressekonferenz am 23.06.2020, URL: https://youtu.be/0G6jyvjw3Vg [eingesehen am 30.07.2020].

24 RND, 09.04.2020, URL: https://www.rnd.de/gesundheit/das-sind-deutschlands-bekannteste-corona-experten-JAYIKXFHGBASZJZKMCXRY2UWIA.html [eingesehen am 31.07.2020]); RND, 28.5.2020, URL: https://www.rnd.de/medien/maria-furtwangler-fordert-mehr-expertinnen-in-der-corona-berichterstattung-FVMCZK6YMGPX6W54IBRYU6KSTY.html [31.07.2020].

25 Dass mit Serien die dramaturgische Komplexität zunimmt, ist eine jüngere Entwicklung.

26 Auf die eigentümliche Zwischenposition von Alexander Kekulé bin ich aus Platzgründen nicht eingegangen.

27 O.V., Diesen Experten vertrauen Sie am meisten, in: Bild, 03.04.2020, URL https://www.bild.de/ratgeber/2020/ratgeber/stimmen-sie-ab-welchem-virologen-vertrauen-sie-am-meisten-69823748.bild.html [14.08.2020].

Prof. Dr. Thomas Etzemüller, geb. 1966, z. Zt. Professor für Kulturgeschichte der Moderne an der Universität Oldenburg. Forschungsschwerpunkte: Kulturgeschichte der europäischen Moderne, schwedische Geschichte und Wissenschaftsanthropologie (science studies).

WISSENSCHAFT UND POPULISMUS

ZWEI DILEMMATA

Ξ Jasmin Siri

Die Corona-Pandemie hat Gesellschaft, Kultur und Öffentlichkeit im Klammergriff. Sie ist eine Art natürliches Krisenexperiment, stellt Gewohnheiten und Normalitäten infrage. Gleich einem Brennglas macht sie soziale Probleme, die schon bekannt waren, in aller Deutlichkeit sichtbar. Sei es die politische Planlosigkeit des ehemaligen US-Präsidenten Donald Trump, die mangelhafte Digitalisierung der Bildung in Deutschland, die soziale Ungleichheit am Arbeitsmarkt, Gewalt in Familien oder seien es die Probleme des britischen Gesundheitssystems NHS: All dies und noch viel mehr wird vor der Folie »Corona« stärker sichtbar und öffentlich auf eine neue Art und Weise diskutierbar.

Die Pandemie stellt also scheinbare Normalitäten unseres gesellschaftlichen Zusammenlebens infrage. Sie verändert, z. B. durch die Gleichzeitigkeit von Home-Office und Ab-und-zu-Office in Unternehmen und Universitäten, Zeithorizonte des Erlebens. Sie wirbelt bisher wohlgeplante Berufsbiografien durcheinander – sei es durch Kurzarbeit, Entlassung oder auch nur die Streichung eines geplanten Auslandsaufenthaltes. Besonders hart trifft die Pandemie auch politische Planungen. So sind Wahlkämpfe gleich denen der Vor-Corona-Zeit kaum mehr denkbar. Finanzierungsvorstellungen (»schwarze Null«) verändern sich aufgrund der neuen Armutsgefährdungen, aber auch der sinkenden Steuereinnahmen radikal. Und manche politischen Akteure, insbesondere die Populisten in und außerhalb Europas, tun sich recht schwer, die neue Lage in politische Erfolge umzusetzen. Das liegt nicht zuletzt daran, dass sich Populismus von einer Politik des Krisenmanagements – angewiesen auf eine gute Zusammenarbeit zwischen verschiedenen staatlichen Institutionen, Wissenschaft und Akteuren der Zivilgesellschaft – in der Herangehensweise an politische Themen und politisches Entscheiden kaum stärker unterscheiden könnte. Insbesondere das disruptive und kreative Potential des »Establishment-Bashings« läuft ins Leere, wenn eine bedrohliche Pandemie den Hintergrund öffentlicher Diskurse prägt und in der Bevölkerung der Wunsch nach verlässlichen, vernünftigen und medizinisch klugen Entscheidungen steigt.

 INDES, 2020-3, S. 32–37, © Vandenhoeck & Ruprecht GmbH & Co. KG, Göttingen, 2020, ISSN 2191-995X

Die Wissenschaft – zu der auch die Autorin gehört – wird in dieser Phase stärker hörbar. Die Podcasts bekannter Mediziner werden millionenfach abgerufen und intensiv diskutiert. Insbesondere Virologen und Epidemiologen, aber auch andere Wissenschaften finden in der Suche nach Orientierung Gehör. Freilich gibt es auch diejenigen, die unter der Chiffre Wissenschaft »alternative« Weltdeutungen anbieten, das Virus »leugnen« oder unter Einsatz antisemitischer Tropen ein Interesse »der Regierung«, »der Hochfinanz« oder »mächtiger, geheimer Kreise« an der Erkrankung der Bevölkerung und am Niedergang von Volkswirtschaften suggerieren. Die Zahl und der Erfolg dieser Kommunikationen ist jedoch sehr gering und statistisch als marginal zu bezeichnen.

Im Folgenden will ich auf diese Beziehung von Expert*innen, Expertise und Politik in der Pandemie etwas genauer eingehen. Dabei will ich einen interessanten Fall, nämlich populistische Politiken, besonders berücksichtigen und argumentieren, dass sich sowohl im Falle der Expertise als auch bei populistischer Politik das pandemische »Brennglas« aktiviert. Ich werde zeigen, dass beide Kontexte sich in der pandemischen Situation unauflöslichen Dilemmata stellen müssen.

EXPERTISE UND POLITIK: EINE KURZE KLÄRUNG

Expertenwissen besitzt für die Gestaltung moderner Staatlichkeit eine hohe Bedeutung, und dies insbesondere in demokratisch verfassten Staaten. Expert*innen finden sich in Gesprächsrunden der Exekutive, sie schreiben und kommentieren Gesetzesentwürfe und tragen durch Beratung und öffentliche Statements zur Konjunktur von Themen und Legitimation von Entscheidungen bei. Expert*innen sind daher einerseits ständig präsente Teilnehmer*innen in politischen Diskursen, zugleich sind sie dem politischen System aber auch fremd, da sich die Logik ihres Geschäfts (wahre wissenschaftliche Aussagen machen, wissenschaftliche Sätze auf Wahrheitsfähigkeit prüfen und Wissen vermitteln) sich von dem, was Politik ausmacht, sehr unterscheidet.

In der Politik geht es aus soziologischer Perspektive – frei nach Niklas Luhmann – um die Herstellung von kollektiv bindenden Entscheidungen mittels des Mediums der Macht. Und außerdem, so Armin Nassehi, um die Kollektive, denen diese Entscheidungen zugerechnet werden können.[1] Also nicht um Wahrheit und auch nicht um die Herstellung von Wissen, sondern um politische Entscheidungen. Was nicht bedeutet, dass die Idee der Wahrheit in der Politik nichts zu suchen hat. Allein, sie ist nicht die maßgebliche Quelle, aus der sich Entscheidungen speisen. In der Politik bemühen sich

1 Luhmann, Niklas (2002): Die Politik der Gesellschaft. Frankfurt/M.: Suhrkamp, Nassehi, Armin (2006): Der oziologische Diskurs der Moderne. Frankfurt/M.: Suhrkamp.

verschiedene Akteure, wie zum Beispiel Parteien und Parlamentarier*innen, die politisch relevanten Themen auszusuchen und dazu Entscheidungen zu fällen. Da die Möglichkeit zur Auswahl dieser Themen gen unendlich geht und zusätzlich die meisten Probleme moderner Regierung sehr komplex und die Entscheidung für »die richtige« Politik damit keine leichte ist, sind Expert*innen gern gesehene Besucher*innen der politischen Sphäre. Und zugleich sind sie in ihr auch ein Störfaktor, da sie selten einfache Lösungen anbieten, mit anderen Zeithorizonten operieren und – als sei das nicht genug – ihre Einschätzung oft ändern und dazu noch seltsam und kompliziert sprechen.

Expert*innen sind für das politische System also einerseits wichtig (wie man auch an Ausschreibungen des BMBF und den Programmen der Wissenschaftsförderung im Allgemeinen sehen kann). Andererseits sind sie im politischen System nur selten beliebt, bringen sie doch immer wieder Perspektiven und Forderungen ein, die für die Politik nicht oder nur bedingt bearbeit- und umsetzbar sind. Aus der Schwierigkeit, miteinander zu sprechen und die Logik des jeweils anderen zu verstehen, ergibt sich also eine dilemmatische Grundkonfiguration im Umgang von Politik und Wissenschaft.

WIE VERHÄLT ES SICH NUN MIT DER EXPERTISE UNTER PANDEMISCHEN BEDINGUNGEN?

Unter pandemischen Bedingungen löst sich dieses aus unterschiedlichen Funktionslogiken resultierende Dilemma nicht auf. So verändert sich die grundsätzliche Differenz und Fremdheit von Politik und Wissenschaft nicht, es verändert sich aber durch die Dringlichkeit der Lage die Bereitschaft zur Zusammenarbeit und damit auch dazu, die andere Perspektive ernst zu nehmen. Durch den Fokus auf den »Single-Issue« der Pandemie werden andere Themen marginalisiert (mit allen negativen Konsequenzen, die das haben mag) und die Expertise zum Thema steigt auch im politischen System beträchtlich. Sehr viele Menschen in der Politik, aber auch in der Bürger*innenschaft können inzwischen im Schlaf erklären, was ein Aerosol ist und wie es wirkt. Es mag banal klingen, aber »es geht um was« und dementsprechend steigt die Bereitschaft, zu lernen und sich mit einem Thema zu beschäftigen – ungeachtet dessen, ob es einen früher interessiert oder berührt hätte. Die Eindringlichkeit der Gefährdung von (eigenem) Leben ist eine Erfahrung, die zumindest der deutschen Öffentlichkeit lange Jahrzehnte fremd war. Wenngleich es auch andere dringliche Themen gibt, wie etwa die Klimakrise, ist es also die Aktualität und zeitliche Knappheit in der Krisenbewältigung des Kämpfens um Leben, die zu einer hohen Bereitschaft der Kooperation und auch Investition im politischen System führt.

POPULISMUS UND EXPERTISE

Populistische Bewegungen und Parteien haben ein angespanntes Verhältnis zu Expertise und Wissenschaft. Das liegt *erstens* daran, dass sie Wissenschaft häufig als Teil des »die da oben« wahrnehmen, als Teil des Establishments und damit einer Struktur, die es als Gegner der Eigengruppe zu bekämpfen gilt. Etablierte Medien, etablierte Parteien und etablierte Wissensbestände sind für Populist*innen wie geschaffen, um als Gegner im Kampf um die Deutung der Welt zu fungieren. Dabei geht es *zweitens* nicht selten darum, Begriffe wie Wahrheit und Wahrhaftigkeit umzudeuten. Besonders pointiert brachte dies die ehemalige Beraterin und Pressesprecherin Donald J. Trumps, Kellyanne Conway auf den Punkt, als sie, angesprochen auf eine Unwahrheit, die im Presseraum des Weißen Haus ausgesprochen wurde, argumentierte, dass die Trump-Administration keine »falsehoods« sondern »alternative facts« präsentiere.[2] Und *drittens* sind Populist*innen daran interessiert, jene Gruppen in sich aufzunehmen, die solchen »alternativen« Deutungen zugänglich sind. Dies lässt sich z. B. beobachten, wenn populistische Akteure die »Corona-Demos« besuchen und Toleranz bzw. Zustimmung gegenüber den oft hoch widersprüchlichen Meinungen, die in diesem heterogenen Kontext geäußert werden, öffentlich darstellen.

Aber zugleich lässt sich in vielen Ländern beobachten, dass populistische Politik unter pandemischen Bedingungen vor mehrere Probleme gestellt wird, die sich danach unterscheiden lassen, ob die Populist*innen gerade regieren oder nicht. Wenn eine populistische Partei oder Gruppe regiert, wie wir es etwa in den letzten Jahren in den USA beobachten konnten, so zeigt sich, dass die populistische Argumentation z. B. mit dem stark wissenschaftlich konnotierten »common sense« der Pandemiebewältigung konfligiert. US-Präsident Trump hatte so etwa das Problem, erklären zu müssen, weshalb er selbst gegen das Maskentragen sei, während seine Mitarbeiter*innen im Zusammenhang mit der Seuchenbekämpfung ganz anders argumentierten. Als Trump selbst sich das Virus einfing, wurde er in ein exzellentes Militärkrankenhaus eingewiesen und profitierte von modernsten Behandlungen. Ganz offensichtlich nahm man das Virus, als es den Präsidenten traf, doch ernst. Für die politischen Handlungen danach hatte diese Erfahrung aber keine Konsequenzen.

Da also auch die Populist*innen nicht in einer pandemiefreien Zone leben, in der das Virus keine Bedeutung hat, wird die Brüchigkeit offizieller Verlautbarungen und ihre Widersprüchlichkeit zur Lebenspraxis offenkundig.

2 Dies tat sie in einem Interview mit NBC News am 22.01.2017, URL: https://www.nbcnews.com/meet-the-press/video/conway-press-secretary-gave-alternative-facts-860142147643. [eingesehen amL01.10.2020].

Populismus lebt vom »wir gegen die Anderen« aber auch davon, dass andere schon den Laden am Laufen halten (wollen). Es ist ein Privileg der Populist*innen, stets aus der Logik der Opposition heraus zu argumentieren – doch auch das wird dann problematisch, wenn man selbst am Ruder ist und ganz besonders dann, wenn in dieser Zeit eine Krise entsteht. Das populistische Instrumentarium aus Verantwortungszuschreibung und Symbolpolitik ist dann nicht mehr passgenau für die Anforderungen der politischen Kommunikation. Dies kann man an den Versuchen regierender Populist*innen, mit der Krise umzugehen, gut beobachten. So wurde zu Beginn stets geleugnet, die Maske wurde zum ideologischen Datum stilisiert – um dies später, unter Druck der Öffentlichkeit, zurückzunehmen. Auch Verantwortungszuschreibungen blieben nicht unversucht. Donald Trump lobte sich beispielsweise dafür, besonders früh die Einreise aus EU-Staaten und aus China untersagt zu haben. Zugleich sind die exorbitanten Zahlen der Pandemietoten in den USA auch für die Amerikaner*innen kein Geheimnis und der Verweis auf geschlossene Grenzen löst nicht das Problem, dass eine Regierung diese Todeszahlen – die weit höher sind als jene in den »ausgesperrten« Ländern – begründen muss. Vielmehr machte gerade die Schließung von Grenzen begründungswürdig, dass die USA so viel schlechter wegkamen als die Länder, die man als Verursacher oder Gefährder betrachten wollte. Das Dilemma für die regierenden Populist*innen besteht also darin, einerseits auf die Expertise der Wissenschaft und etablierter Institutionen in der Pandemie angewiesen zu sein, andererseits deren Deutungen aus ideologischen Gründen abzulehnen.

Für die nicht regierenden Populist*innen ist die Situation nicht weniger problematisch. Insbesondere dann, wenn die Krisenbewältigung im nationalen Rahmen einigermaßen funktioniert, so wie beispielsweise in Deutschland, steigt die Zustimmung der Bevölkerung zum Regierungshandeln abseits der Lager in hohem Maße. Zudem besteht so viel »reale Angst« und Sorge in der Bevölkerung, dass Politiken des Schürens von weiteren, diffusen Ängsten derzeit nicht mehr so verfangen, wie sie es in friedlicheren Zeiten tun. Durch die Pandemie werden populistische Positionen im Elektorat also in hohem Maße herausgefordert und auf ihre Glaubwürdigkeit hin befragt.

SICHTBARE WISSENSCHAFT

Die Schwierigkeit einer Vermittlung von Wissenschaft und Politik, so argumentiere ich in diesem Text, ist in der Pandemie keineswegs aufgehoben. Sie verändert sich aber durch die Bedeutung einer raschen und schnellen Zusammenarbeit, die etablierte Problemlösungsinstanzen bevorzugt und populistische Akteure marginalisiert. Dabei stehen die Expert*innen zwischen der

Politik und der Öffentlichkeit und nehmen in beiden Feldern als *Außenseiter* eine wichtige, aber stets auch herausgeforderte und stark kritisierbare Position ein. Nicht zuletzt der heutige Prominentenstatus einiger zuvor unbekannter Wissenschaftler wie Christian Drosten und Alexander Kekulé in Deutschland oder Anthony Fauci in den USA macht deutlich, wie hoch das Interesse der Bürger*innen an der wissenschaftlichen Expertise ist. Freilich werden diese Expertisen auch herausgefordert, zum Beispiel wenn sich wissenschaftliche Einschätzungen ändern oder Empfehlungen zurückgenommen werden. Und doch stellen sich eine Vielzahl von Bürger*innen der Herausforderung, medizinisch anspruchsvolle Pressekonferenzen des RKI anzusehen oder Podcasts zu hören, die vor einem Jahr nur Studierende der Medizin oder Fachkolleg*innen sich zugemutet hätten. Es scheint, dass sich durch das höhere Interesse und die Besonderheit der Lage eine bisher nie da gewesene Situation entfaltet, in der die Komplexität wissenschaftlicher Expertise über einen längeren Zeitraum in die breite Öffentlichkeit diffundieren kann. Dadurch besteht die Chance, zu erklären, wie Wissenschaft ganz praktisch funktioniert und wie wissenschaftliche Argumente aufgebaut sind. Ein Beispiel hierfür ist der Versuch der BILD-Zeitung, ein Peer-Review über eine Studie von Drosten zu skandalisieren. In einem Artikel wurde mit Verweis auf eine offene Begutachtung unterstellt, die Studie sei schlecht und habe zu unangemessenen politischen Entscheidungen geführt.[3] Sehr rasch distanzierten sich die wissenschaftlichen Reviewer von dem Bild-Artikel und es wurde der breiten Öffentlichkeit erklärt, wie ein Review-Verfahren funktioniert, wieso Kritik von Kolleg*innen nichts schlechtes, sondern einer Studie zuträglich sei, eben: wie wissenschaftliches Wissen durch kollaborative Prozesse zustande kommt.[4] Die fehlgeschlagene Skandalisierung der Drosten-Studie durch BILD ist ebenfalls ein Beispiel dafür, dass ein vereinfachender und populistischer Umgang mit wissenschaftlicher Expertise in der Corona-Pandemie zum Scheitern verurteilt scheint.

3 Vgl. Filipp Piatov, Drosten-Studie über ansteckende Kinder grob falsch, in: Bild.de, 25.05.2020, URL: https://www.bild.de/politik/inland/politik-inland/fragwuerdige-methoden-drosten-studie-ueber-ansteckende-kinder-grob-falsch-70862170.bild.html [eingesehen am 08.10.2020].

4 Eine Darstellung der Reaktionen und eine Bewertung des Vorganges findet sich u. a. hier: Maria Mast u. a., Skandal oder alles normal?, in: Zeit Online, 26.05.2020, URL: https://www.zeit.de/wissen/gesundheit/2020-05/bild-artikel-christian-drosten-corona-studie-schuloeffnung [eingesehen am. 8110.2020].

Dr. Jasmin Siri, geb. 1980, ist aktuell Vertretungsprofessorin für Politische Soziologie an der Universität Erfurt. Ihr Forschungsschwerpunkte sind politische Öffentlichkeiten, politische Organisationen und Gesellschaftstheorien.

WARUM DIE POLITIK IHRE EXPERTEN AUF DISTANZ HÄLT

EXPERTENKULT UND POLITISCHE URTEILSKRAFT

Ξ Walter Reese-Schäfer

Wenn auf unseren Baustellen etwas gründlich schiefläuft, heißt es gerne: Da müssen wohl Experten am Werk gewesen sein. Wie in jedem Bereich, gibt es dort fähige und unfähige Leute. Im Folgenden will ich nur über die Fähigen sprechen, denn auch ihr Rat kann hochproblematische politische Folgen haben. Dafür gibt es mehrere Gründe.

Experten unterliegen mehreren Systemimperativen, die nicht notwendig ausdehnungsidentisch sind. Vordergründig wird von ihnen erwartet, dass sie nach den Unterscheidungen urteilen, für die sie zuständig sind: Mediziner also nach krank/gesund (in dieser Reihenfolge)[1], Epidemiologen nach Eindämmung/Ausbreitung von Krankheiten (in der neueren Entwicklung des Faches zur Sozialepidemiologie nicht lediglich im klassischen Verständnis von Infektionskrankheiten vulgo Seuchen, sondern auch von Krebs, Diabetes, Stress und dergleichen).[2] Sofern Mediziner oder Epidemiologen zugleich als Wissenschaftler tätig sind, verwenden sie üblicherweise die Codierung ihrer auf der ersten Ebene gewonnenen Einblicke nach wahr/falsch, also den wissenschaftlichen Code. Das hat in unserer Corona-Krise zu einem Vertrauensschock vonseiten der Politik und der Öffentlichkeit geführt, als die zur Politikberatung herangezogenen Chefvirologen plötzlich über Nacht, nämlich vom Mittwoch, den 11. März auf Donnerstag, den 12. März 2020 zur Ministerpräsidentenkonferenz ihre Empfehlung radikal geändert hatten. Bis zum Mittwoch hatte es geheißen: möglichst die Schulen und Kindergärten offenhalten, damit die Krankenhäuser und die Wirtschaft weiter funktionieren. Am Donnerstag wurden Schulen und Kindergärten dann als Schlüsselstellen der Virusverbreitung eingestuft. Armin Laschet erklärte dazu, einigen Regierungschefs sei die Kinnlade heruntergefallen, als sie das hörten.[3] In der Wissenschaft zählte schlicht, ob die der Handlungsempfehlung zugrundeliegenden Vermutungen auf der Basis der aktuell vorliegenden Informationen plausibel sind. In der Nacht vom 11. auf den 12. März hatte der Virologe Christian Drosten die E-Mail einer amerikanischen Kollegin zur Kenntnis genommen, die sich auf historische Daten bezog. Bei der Spanischen Grippe, die zwischen 1918 und 1920 in mehreren Wellen Millionen Todesopfer gefordert hatte, war speziell

1 Vgl. Niklas Luhmann, Der medizinische Code, in ders., Soziologische Aufklärung 5. Konstruktivistische Perspektiven, Opladen 1990, S. 183–196.

2 Zur Systematik dieser Unterscheidungstypen vgl. Walter Reese-Schäfer, Luhmann zur Einführung, Hamburg 2011 und ders., Politisches Denken heute. Zivilgesellschaft, Globalisierung und Menschenrechte, München 2007, S. 83–18, bes. S. 118.

3 Vgl. Spiegel Online, 20.3.2020, URL: https://www.spiegel.de/politik/deutschland/wie-das-coronavirus-die-deutsche-politik-ueberfordert-a-00000000-0002-0001-0000-000170114569 [eingesehen am 2.12.2020].

 INDES, 2020-3, S. 38–46, © Vandenhoeck & Ruprecht GmbH & Co. KG, Göttingen, 2020, ISSN 2191-995X

die Verbreitung an Schulen und ähnlichen Institutionen als zentral erkannt worden. Im zweiten sogenannten Lockdown light vom 2. November 2020 hat sich rasch gezeigt, dass die Fortsetzung des Schulunterrichts ohne ausreichende Eindämmungsmaßnahmen die Ausbreitung des Virus gefördert hat. Die dafür verantwortlichen Schulpolitiker werden hier eine ausgeprägte Expertise des Sich-Herausredens benötigen.

Während im Wissenschaftssystem neueste oder wenigstens zuletzt bekannt gewordene Forschungsergebnisse Vorrang haben, haben in der Politik Verlässlichkeit und Vertrauen einen sehr viel höheren Stellenwert. Dort geht es nicht zuletzt auch um die Akzeptanz und Durchsetzung der Maßnahmen. Die Reputation der Politiker ist dazu ein wichtiges Medium. Deshalb kommt es auf klare und möglichst längerfristig haltbare Botschaften an. Jedenfalls ist es immer schlecht, wenn einem von Journalisten und anderen vorgehalten werden kann, gestern habe man aber das Gegenteil gesagt. Niklas Luhmann hat das so formuliert: »Die Politik muß, wenn sie Expertenwissen übernimmt, dieses sozusagen wider besseres Wissen versteifen.«[4]

Politiker müssen unter Bedingungen der innerparteilichen Konkurrenz Experten des Machterwerbs und der Machterhaltung sein. Systemtheoretisch gesprochen unterscheiden sie nach Innehaben/Nichtinnehaben eines Amtes bzw. Mandats, in gewisser Weise also nach Macht und Ohnmacht. Sind sie dann in eine Position der praktischen Machtausübung gelangt, wird gutes Regieren gefordert. Dies erfordert allerdings, dass zur Expertise der Macht eine generalisierte Urteilskraft hinzukommt, woran viele der erfolgreichen Machterwerber scheitern. Macht ist im Bereich des Regierens nur die Voraussetzung, nämlich das Medium des Handelns. In der Beobachtung des Regierens zählt der Erfolg oder Misserfolg von Maßnahmen nach wechselnden Maßstäben der Evaluation.

Wenn wir die Rolle der virologischen und epidemiologischen Experten genauer ins Auge fassen, erhöht sich die Komplexität noch weiter. Denn neben dem epidemiologischen Erstcode Eindämmung/Ausbreitung und dem wissenschaftlichen Zweitcode wahr/falsch geht es den Experten in dritter Linie in sehr unterschiedlichen Ausprägungen und Intensitäten um Reputation, Ruhm, Forschungsantragsaussichten oder aber auch um die Aufmerksamkeit im politischen oder massenmedialen System. Aus der Sicht des Wissenschaftssystems ist das eine gerne für Steuerungszwecke genutzte nachgeordnete Codierung, aus der Sicht unseres Themas eine immer wieder auf die Praxisratschläge durchschlagende Interferenz. Die Experten beginnen sich dann nach politischen Präferenzen oder Richtungen zu sortieren und werden je nach den von ihnen zu erwartenden Forschungsergebnissen von der einen

4 Niklas Luhmann, Die Politik der Gesellschaft, Frankfurt a. M. 2000, S. 161.

oder anderen Seite beauftragt. Der politische Code schießt sozusagen quer. Die Vorstellung, es gebe eine einheitliche Wissenschaft, die Nancy Pelosi mit ihrem verzweifelten Ruf nach »Science! Science!! Science!!!« zum Ausdruck zu bringen versuchte, ist bestenfalls naiv. Natürlich schadet der Blick auf die Zweit- oder Drittcodierung allen Reinheitsvorstellungen der Reputation von wissenschaftlichen Experten. Wenn ein Fach relativ neu in den Fokus der politischen wie öffentlichen Aufmerksamkeit rückt, wie es bei der Virologie und der Epidemiologie in der Corona-Krise der Fall war, ist es schon durch anfängliche Unerfahrenheit der Protagonisten im Umgang mit diesen Strukturen vom peinlichen Stolpern vor den Augen aller bedroht.

Stolpern durch Unerfahrenheit passierte auch dem Bonner Virologen Hendrik Streeck, als noch ungesicherte Vorab-Ergebnisse seiner Studie zum Corona-Ausbruch im Landkreis Heinsberg von einer fragwürdigen PR-Agentur vermarktet wurden und der Eindruck zu widerlegen war, die coronaliberale Landesregierung in Nordrhein-Westfalen wolle auf diese Weise Werbung für ihre Lockerungsmaßnahmen machen. In normalen Zeiten greifen Behörden auf ihre internen Fachleute zurück, die keinerlei Ansprüchen wahrheitsbezogener und autonomer Wissenschaftlichkeit unterliegen. Sobald aber der Wissensbedarf des politischen Systems und die Dynamik der wissenschaftlichen Forschung dies erfordern, greift die Politik auf Beratung durch Experten zurück. »Deren Tätigkeit kann, wie man heute sieht, nicht mehr zureichend als Anwendung vorhandenen Wissens begriffen werden. Sie müssen einerseits die in der Wissenschaft noch bestehenden Unsicherheiten in der Kommunikation zurückhalten oder abschwächen und andererseits vermeiden, politische Fragen als Wissensfragen vorzuentscheiden. Ihre Beratung transportiert nicht Autorität, sondern Unsicherheit mit den Folgeproblemen, dass Experten wissenschaftlich als unseriös erscheinen und zugleich politisch inspirierte Kontroversen als unterschiedliche Einschätzungen wissenschaftlichen Wissens austragen. Die Konsequenz müsste sein, dass man sie weder als Wissenschaftler noch als Politiker ansieht, sondern als Schnellstraße für wechselseitige Irritationen, als Mechanismen struktureller Kopplung.«[5]

Es gibt Expertengruppen, deren diesbezügliche Erfahrungen im Vergleich zu den Virologen und Epidemiologen sehr viel weiter zurückgreifen können, wie z. B. die internationale Klimaforschung. Diese hat für die Veröffentlichung ein politisch-wissenschaftliches Filtergremium, den bei der UNO in Genf angesiedelten Weltklimarat (IPCC, *International Panel on Climate Change*) geschaffen, in dem die unterschiedlichen Forschungsergebnisse in einem nicht forschungsmäßig organisierten, sondern wissenschaftspolitischen Prozess ausgehandelt und abgestimmt werden. Dadurch wird die Abhängigkeit der

5 Niklas Luhmann, Die Gesellschaft der Gesellschaft. Frankfurt a. M. 1997, S. 785 f. Als m. E. wesentliche Vorstudie: Peter Weingart, Verwissenschaftlichung der Gesellschaft – Politisierung der Wissenschaft, in: Zeitschrift für Soziologie, Jg. 12 (1983), S. 225–241.

Forschung von einzelnen Regierungen etwas reduziert zugunsten einer größeren Bewegungsfreiheit. Zugleich dringt das politische Aushandeln und Finden von Kompromissen in die Veröffentlichung der Forschungsergebnisse ganz direkt selbst ein. Systemtheoretisch betrachtet handelt es sich um die Konstruktion eines hybriden Systems, um die Interpenetration divergierender Systemimperative aufzufangen und damit umzugehen. Die Klimaforschung ist dadurch gerade auch in ihrer Finanzierung abhängig geworden von den Bewertungen des Weltklimarats und hat zugleich eine gewisse Unabhängigkeit von Einzelstaaten als Finanzierungsträgern gewonnen. Niklas Luhmann hatte schon Jahre vorher erkannt, »daß Expertenwissen im Prozeß seiner Verwendung in juristischen und politisch-administrativen Entscheidungsverfahren wesentliche Momente seiner Wissenschaftlichkeit aufgibt und so zubereitet wird, daß es im Entscheidungsprozeß unter Zeitdruck und Vereinfachungsnotwendigkeiten zu Ergebnissen führen kann.«[6] Der politische Verwendungskontext hat im Falle der Klimaforschung zu einer Einwanderung politischer Diskursverfahren in die Wissenschaft geführt. Auf diese Weise wurden Autonomiegewinne gegenüber Einzelstaaten durch Autonomieverluste im Verhältnis zu übergeordneten Institutionen internationaler Politik bezahlt.

Die Funktion der ebenfalls bei der UNO angesiedelten WHO, der Weltgesundheitsorganisation, in der Corona-Krise wäre parallel zu verstehen gewesen, wenn sie denn in der Krise funktioniert hätte. Der WHO wird vorgeworfen, aus China, dem Ursprungsland der Pandemie, aus politischer Rücksicht nicht die nötigen Informationen abgerufen zu haben und bei einem Delegationsbesuch beschönigende Auskünfte an die Weltöffentlichkeit gegeben zu haben, wodurch das Virus überhaupt erst die Chance hatte, sich weltweit fast ungebremst ausbreiten zu können. Dies wird derzeit von einer Kommission untersucht und hat schon zum Austritt der stark betroffenen USA aus dieser UNO-Unterorganisation geführt.

Politische Entscheidungen sind *erstens* immer Entscheidungen unter Ungewissheit mit einem kurzen bis allenfalls mittleren Zeithorizont. Politiker entscheiden *zweitens* nur selten einsam und allein, sondern normalerweise unter Konkurrenzbedingungen. Es kommt darauf an, schneller zu entscheiden als die Konkurrenz und anschließend auch bei dieser Entscheidung oder wenigstens ihren Grundprinzipien und ihrer Grundrichtung zu bleiben. Denn *drittens* benötigen Entscheidungen das Vertrauen derjenigen, die sie ausführen sollen, und das Vertrauen oder wenigstens die Akzeptanz der Betroffenen. Es braucht schon einiges politisches Talent und einiges Training, alle Fäden dieses komplexen Faktorenbündels zu halten. Abrupte Kurs- und Richtungswechsel gelten normalerweise als vertrauensgefährdend. Nur

6 Niklas Luhmann, Das Recht der Gesellschaft, Frankfurt a. M. 1993, S. 91.

wenige kommen damit durch. Selbst die Langzeitkanzlerin Angela Merkel hat viel von ihrer Reputation durch abrupte Kurswechsel, besonders in der Immigrationsfrage, verspielt.

Die systemische Differenz zwischen der Medizin mit ihrer Unterscheidung gesund/krank und der Epidemiologie, die auf der Basis der Unterscheidung von Verbreitung und Eindämmung operiert, hat sich in der Krise gezeigt an der Entscheidung, planbare Operationen zurückzustellen zugunsten der Freihaltung von intensivmedizinischen Kapazitäten für Corona-Patienten. Der Vorrang des Eindämmungsimperativs hat sogar Forschungsprojekte in Hamburg verhindert, die auf einer Reihenuntersuchung von 10.000 Kindern aufbauen sollten, weil von der politischen Seite, die dafür hätte geradestehen müssen, befürchtet wurde, bei dieser Untersuchung entstünden zu viele potentiell zu Ansteckungen führende Kontakte zwischen medizinischem Personal, den Eltern und den Kindern.

Komplexität hat einen Doppelcharakter: Sie erweitert die Optionen und damit die Lebensvielfalt und den Lebensreichtum. Daher der Wunsch und Drang nach ihr. In unseren dynamischen Gesellschaften führt die Triebkraft der Komplexitätserhöhungen zugleich immer wieder zur Überforderung des Personals, oft sogar der herkömmlichen Strukturen und Systeme. Das überforderte Personal reagiert mit Handlungslähmung oder mit brachialen Vereinfachungen. Populismus ist ein unter Komplexitätsüberforderung häufig auftretender Kurzschluss. Fähigeres Personal kann die Strukturen durchaus wieder mittelfristig stabilisieren, weil breite Spielräume und Ausgestaltungsmöglichkeiten offenstehen, wenn man sie nur versteht und mit ihnen umgehen kann. Politisches Entscheiden ist immer Komplexitätsreduktion auf entscheidbare Alternativen. Mangelnde oder fehlerhafte Analyse, z.B. die Moralisierung oder nationalistische Aufladung technisch lösbarer Probleme oder die phantasievolle Erfindung von Scheinalternativen führt zu unterkomplexen Lösungsversuchen oder gar vollends in die Irre. Oft genug werden, wenn ein Systemzusammenbruch vermieden werden kann, auch Systemerweiterungen oder neue Subsysteme eingezogen: unabhängige Kontrollinstanzen als Folge von Bankenkrisen, wenn die zentrale staatliche Aufsicht versagt hat oder wegen der nationalen Grenzen dysfunktional geworden ist, oder neu ausgehandelte Redesigns internationaler Institutionen. Der erfolgreiche Umgang mit erhöhter Komplexität verschafft Handlungsspielräume und damit die Chance für neue Komplexität und neue Überforderungen. Jede neue Überforderung schafft wiederum Bedarf für Beratung und Expertensysteme.

Natürlich kann keine Politikerin sich überall auskennen. Sie wird aber letztlich überall entscheiden müssen, da auch die Nichtentscheidung oder der Aufschub von Entscheidungen im Fortgang der Ereignisse als Entscheidung wirkt und gewertet wird. In demokratischen Systemen gilt das im Prinzip nicht lediglich für die politische Klasse, sondern für jede Bürgerin – auch diejenige, die nur Politikkonsumentin sein möchte, wird ihre Präferenzen artikulieren müssen. Unsere höhere Reichweiten und höhere Komplexitäten anstrebenden Gesellschaften haben zugleich ein höheres Maß an Eigenaktivitäten und Chancen für eigenes Handeln entwickelt. Noch bis vor 25 Jahren war es fast undenkbar, einen neuen PC ohne Expertenhilfe selbst einzurichten und in Gang zu setzen. Heute stellt das kein Problem mehr dar, so dass die alerten IT-Mittler genötigt waren, sich neue Einkommensquellen in der Welt der Applikationen zu schaffen.[7] Es scheint eine Tendenz zu geben, immer mehr einst unverzichtbare Experten durch für jedermann durchschaubare Selbsttätigkeit zu ersetzen. Schon lange vor der vielgerühmten Digitalisierung war das der Fall, wenn man die Entwicklung des Einzelhandels beobachtet. Dort haben durchdachte organisatorische Änderungen die Auswahl- und Findungsprozesse von Waren für jeden transparent und handhabbar gemacht.

Die Selbsttätigkeit und Selbstentscheidung wird zwar mitunter auf Konsumentenseite als lästig empfunden, spart aber für alle Beteiligten sehr viel Zeit und Energie, die sonst für die Kommunikation von Wünschen gegenüber mitunter verständnislosen Verkäufern aufgebracht werden müsste. Sie möchten ein Buch von Luhmann? Können Sie mir den Namen mal buchstabieren? Die Dequalifikation der einst hoch qualifizierten und hochangesehenen Buchhändlerinnen und Buchhändler durch praktikumsmäßig bezahlte Teilzeitkräfte ohne Sachkenntnis ist nur ein wenn auch besonders signifikantes Beispiel für diesen Prozess. Was hier, in den Kapillaren des Gesamtsystems, fast überall stattgefunden hat, konnte nicht ohne Auswirkung auf den politischen Prozess bleiben. Besonders, weil das demokratische System in seiner Grundidee und schon von Anfang an die Selbsttätigkeit und Selbstentscheidung des Bürgers als fundamentalen Anspruch artikuliert hat. Die Zwischenschaltung eines britischen, preußischen oder bayerischen Beamtensystems mit ihren fachlich hoch qualifizierten und angeblich unbestechlichen

7 Hierzu und zum Folgenden ausführlicher: Walter Reese-Schäfer, Das Verschwinden der Experten, in: Ruben Pfizenmaier u. a. (Hg.), Auf dem Markt der Experten. Zwischen Überforderung und Vielfalt. Frankfurt a. M. 2016, S. 154–166.

Verwaltungen hat noch lange aus halbautoritären Zeiten in die politische Wirklichkeit der Demokratie hineingeragt. Erst in unseren Tagen haben die Bürgerverwaltungen und Servicezentren begonnen, sich kundenorientiert zu verhalten, wie es Supermärkte und die Reisevermittlung seit langem schon tun. Der einschüchternde Begriff der hoheitlichen Aufgaben hat lange als Hemmschwelle nachgewirkt. Der Verwaltungsexperte war die rationale Gestalt einer unter demokratischen Gesichtspunkten längst irrational gewordenen Autorität.

Gewiss kämpft diese Expertenebene weiterhin um ihre Zuständigkeiten und bemüht sich um Arbeitsplatzkonservierung durch immer neue oftmals fürsorglich-paternalistisch begründete bürokratische Regulationen. Die Benutzerfreundlichkeit und Nutzerzugänglichkeit des Regierungssystems ist immer noch unterentwickelt, wie man an den im internationalen Vergleich hohen Hürden erkennen kann, die es weiterhin für die Gründung von Firmen in Deutschland gibt. Sogar die Wiedereinführung einer zunftartigen Ausbildungs- und Prüfungsstruktur in einigen schon liberalisierten handwerklichen Bereichen haben wir mit ansehen müssen. Dennoch: Die Angewiesenheit auf das Expertentum ist, wie an den hier erwähnten Großprozessen deutlich wird, überwindbar und reduzierbar, wenn das gesellschaftliche, wirtschaftliche und politische System nur entschlossen genug Strukturen schaffen, in denen Selbstentscheidung und Selbstbestimmung möglich werden. Wir haben es hier mit einem säkularen Prozess der Ersetzung einst für unverzichtbar gehaltener Experten zu tun. Eine ganze Lehmschicht von zwischengeschalteten Experten ist verschwunden.

Öffentlich kommunizierte und perzipierte Komplexität schafft wiederum Raum für aufdringliche, aber durchweg unnötige Experten, wie Anlageberater, Versicherungsvertreter oder kommerzielle Werber, wie sie inzwischen sogar von NGOs wie dem *World Wildlife Fund* oder *Ärzte ohne Grenzen* zum Zweck des *Charity Mugging* engagiert werden, die oft als Provision fünfzig bis sechzig Prozent der eingeworbenen Beträge kassieren. Es handelt sich um eine Inflation der Experten, die sich aufdrängen, auf die wir aber verzichten können. Das gilt vor allem in der Politik, die in den großen Anhörungen konfrontiert wird mit Fachleuten, mit Lobbyisten, die nach Auskunft der beteiligten Politiker häufig die gründlichste im Feld verfügbare Sachkenntnis scheinbar kostenlos zur Verfügung stellen, sowie mit politischen Unternehmern und Aktivisten, die ihre eigene Agenda verfolgen. Letzten Endes bleiben die politisch Handelnden aber jederzeit auf ihre eigene Urteilskraft zurückverwiesen. Diese klassische Einsicht hat ihre glänzende Bestätigung in jenem oben erwähnten Laschet-Moment am 12. März 2020 gefunden, als auch dem

kleinsten Ministerpräsidenten klar wurde, dass nicht die Großexperten, sondern die Politik selbst sehen muss, wie sie mit der Situation zurechtkommt.

Folgt daraus, dass die Politik eine Eigenexpertise entwickeln muss? Hier ist eine auf Komplementarität setzende Herangehensweise zu empfehlen. Einmal die bewusste Entscheidung für eine Art rationale Unwissenheit, also der bewusste Verzicht auf allzu viel Detailwissen, um nicht unnötig Zeit und Energie zu investieren. Sodann die Entwicklung der Fähigkeit, Aufwand und Ertrag sinnvoll gegeneinander abzuwägen. Denn wenn Selbstentscheidung zur Selbstüberlastung führt, hat die Politik den Fehler gemacht, nicht mehr generalistisch zu agieren, sondern selbst einem hektischen Detailexpertentum zu verfallen. Zum anderen kommt es darauf an, allzu direkte und aufdringliche Beratung auf Distanz zu halten, am besten durch die Entwicklung von Prozessstrukturen und Institutionen, in denen die auf Überwältigung der Laien drängende Fachkompetenz gefiltert und im Sinne des politischen Systems zivilisiert und mediatisiert werden kann.

Die Rolle des *Sachverständigenrats zur Begutachtung der gesamtwirtschaftlichen Entwicklung*, der schon 1963 in einem Zeitalter des Technokratie- und Expertenglaubens eingerichtet wurde, bietet gutes Langzeitbeobachtungsmaterial. Von den damals so genannten *fünf Wirtschaftsweisen* wurde er transformiert zu einem nur noch mit müdem Interesse wahrgenommenen Gutachtergremium. Ethikkommissionen als im Auftrag der Politik tätige Institutionen neueren Datums, denen Grundfragen mit der Bitte um Entscheidungsvorschläge vorgelegt werden, zeigen, wie Politik auch moralische Diskurse zähmen und politikfähig machen kann. Die Ernennung der Hallenser Naturforscherakademie *»Leopoldina«* zur naturwissenschaftlichen Beratungsinstitution der Bundesregierung in der Ära der Bundeskanzlerin Merkel hat ebenfalls die Funktion, allzu frei sich artikulierende Forscherkompetenz in eine Art beratende Auftragsforschung zu transformieren und dadurch das allzu autonome Auftreten einiger charismatischer Naturwissenschaftler einzuhegen. Als Nebeneffekt kann die Politik sich immer dann, wenn sie es brauchen kann, legitimatorisch auf den Rat solcher Experten berufen und entsprechende Bestellungen aufgeben. Die Konstruktion macht aber deutlich: Sie ist diesem Rat in keiner Weise unterworfen oder ausgeliefert, sondern behält die Leitfunktion.

Meine These war, dass sehr viel einstmalige Expertise und sehr viel neu generierte Scheinexpertise durch kluge Prozessorganisation und Zerlegung in Teilschritte ersetzt werden kann. Auf Seiten der Politiker wie der Bürger bedarf es einer eher generalistischen Kompetenz und Urteilskraft, die gerade das Gegenteil jeglicher Expertenhaftigkeit ist. Bei neuen oder überraschenden Themen können Experten die Bürger wie Politiker in einer Art Schnellkurs auf den basalen Wissensstand bringen, auf dessen Grundlage dann wieder politische Entscheidungsfindung möglich ist. Ansonsten kann Sachkunde im Einzelfall je nach Bedarf herangezogen, im Nichtbedarfsfalle auch relativ folgenlos ignoriert oder wenn nötig durch Auftragsforschung überhaupt erst generiert werden. Das politische System hat auf diese Weise Methoden entwickelt, sich gegen eine technokratische Bevormundung durch Fachleute zur Wehr zu setzen, ganz anders als es einst die Bürokratisierungsdiagnosen deutscher Soziologen der Generation von Max Weber erwarten ließen. Mögen sich auch manchen Experten ob vieler politischer Entscheidungen die Haare sträuben, so gewinnt zumindest in demokratischen Systemen der demokratisch legitimierte politische Code durchweg gegen die Autorität der Expertinnen und Experten, die sich, wie die Corona-Krise in Deutschland gezeigt hat, letztlich ihrerseits bereitwillig der Leitfunktion des politischen Systems unterworfen haben. Siegreiche militärische Experten, wie einst George Washington, Napoleon Bonaparte oder Charles de Gaulle, erwarben als Ergebnis ihres Erfolgs für einige Zeit die politische Macht. Von unseren Epidemiologen und Virologen ist das, selbst nach dem Sieg über das Virus, nicht zu erwarten.

Prof. Dr. Walter Reese-Schäfer, geb. 1951, ist Politikwissenschaftler. Seit 2001 ist er Professor an der Universität Göttingen, seit 2019 emeritiert. Zu seinen Forschungsschwerpunkten gehört die Beobachtung der wissenschaftlichen Zeitdiagnostik, die Analyse der Funktion von Expertenwissen in demokratischen Strukturen und der intellektuellen Basis politischer Entscheidungen. Er gehört zu den besten Kennern des Werks von Niklas Luhmann.

POLITISCHE URTEILSKRAFT

DAS GEFÄHRDETE FUNDAMENT DER DEMOKRATIE

Ξ Wilfried von Bredow u. Eckhard Jesse

In den letzten Jahren hat die Vorstellung von der unaufhaltsamen Ausbreitung der Demokratie einen Dämpfer nach dem anderen bekommen. Statt einer weiteren Welle der Demokratisierung, wie sie etwa Samuel P. Huntington und Francis Fukuyama[1] nach dem Ende des Ost-West-Konflikts wahrnahmen, ist heute von Postdemokratie[2], Krise[3] oder gar Erosion[4] der Demokratie die Rede. Manchmal steht dann hinter den mit diesen Begriffen aufgemachten Buchtiteln ein etwas blasses Fragezeichen, was in aller Regel nur eine Rückversicherung der jeweiligen Autoren anzeigt. Denn ganz trauen sie ihren eigenen Prognosen auch nicht immer. Aber zunächst einmal weisen solche düsteren Befunde eine beträchtliche empirische Plausibilität auf: Nicht zuletzt die seinerzeit mit offenen Armen und ein bisschen Nachhilfe in die Gemeinschaft westlicher Demokratien aufgenommenen postkommunistischen Transformationsgesellschaften hadern heute sehr mit deren Grundkriterien. Diesen Genüge zu tun, fällt ihnen nicht leicht.[5]

Die etwas sperrig so genannte externe Demokratieförderung mit ihrem Mix aus zivilen und militärischen Mitteln ist in den Konfliktregionen auf anderen Kontinenten weitestgehend gescheitert. Schwerer noch wiegen bestimmte Entwicklungen in den bislang als fest etabliert und stabil angesehenen westlichen Demokratien selbst. Dazu zählen weitreichende und unversöhnliche gesellschaftliche Polarisierungen, die von den Regierungen nicht immer gemildert, ja zuweilen von ihnen sogar gezielt vertieft werden.[6] Bei Wahlen wird nicht an die Vernunft der Wähler appelliert. Stattdessen versucht man, sie mit populistischen Phrasen zu ködern, was häufig gelingt. Die Wahlerfolge früher als nicht salonfähig geltender Parteien vom linken oder rechten Rand, die Resonanz populistischer Rhetorik und das Nachlassen der Integrationskraft der Parteien der Mitte – das sind nicht einmalige oder nur kurzfristig wirksame Trends. Sie höhlen die westlichen Demokratien von innen aus.[7]

Die Ursachen für diese Entwicklung sind vielfältig und in jedem Land auf etwas andere Weise miteinander verknüpft. Als ein wichtiges Element innerhalb dieses Ursachengeflechts fällt eine sich als zu schwach erweisende politische Urteilskraft der Staatsbürger und vielfach auch des politischen Führungspersonals auf. Die ist aber angesichts der komplexen gesellschaftlichen und politischen Veränderungen der Gegenwart besonders gefragt.

1 Vgl. Samuel P. Huntington, The Third Wave. Democratization in the Late Twentieth Century, Oklahoma 1991; Francis Fukuyama, The End of History and the last Man, New York 1992. Beide haben später ihre Diagnose mit unterschiedlichen Argumenten revidiert, vgl. Samuel P. Huntington, The Clash of Civilizations and the Remaking of World Order, New York 1996; Francis Fukuyama, Identity. The Demand for Dignity and the Politics of Resentment, New York 2018.

2 Vgl. Colin Crouch, Postdemokratie, Berlin 2008.

3 Vgl. Gudrun Hentges (Hg.), Krise der Demokratie – Demokratie in der Krise?, Schwalbach a. T. 2020.

4 Vgl. Michael Th. Greven, Die Erosion der Demokratie. Beiträge von Michael Th. Greven zur kritischen Demokratietheorie, hg. von Friedbert W. Rüb u. a., Wiesbaden 2020.

5 Vgl. aus unterschiedlicher Perspektive: Timothy Snyder, Der Weg in die Unfreiheit. Russland, Europa, Amerika, München 2019; David Runicman, So endet die Demokratie, Frankfurt a. M. 2020.

6 Besonders dramatisch ist hier der Fall der Vereinigten Staaten: Vgl. Stephan Bierling, America First. Donald Trump im Weißen Haus. Eine Bilanz, München 2020.

7 Vgl. (zum Teil überzogen) Yascha Mounk, Der Zerfall der Demokratie. Wie der Populismus den Rechtsstaat bedroht, München 2018; Steven Levitsky u. Daniel Ziball, Wie Demokratien sterben, München 2018.

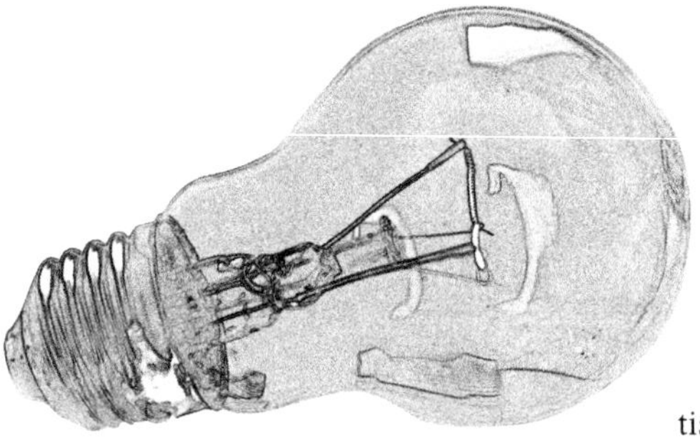

Dieser Text verfolgt zunächst anhand akademischer Debatten das eher mangelnde Interesse für politische Urteilskraft. Schließlich geht es darum, Mündigkeit als deren zentralen Wert herauszustellen. Die Zahl der Defizite ist Legion – einige davon, wie apokalyptisches oder idealistisches Denken, kommen zur Sprache. Während Verschwörungsmythen eher – aber nicht nur – an den politischen Rändern beheimatet sind, lässt die hiesige, teils langweilige, teils hitzige Debattenkultur, wie sie in der politischen Mitte wuchert, sehr zu wünschen übrig. Wer solche Missstände wahrnimmt, kommt nicht umhin, einige Vorschläge zu präsentieren, die manchen Widrigkeiten einen Riegel vorschieben könnten.

AKADEMISCHE DEBATTEN

Die Philosophie, das liegt auf der Hand, hat seit jeher immer wieder das Konzept des (nicht nur für die Politik bedeutsamen) Urteilens betont.[8] In den letzten Jahrzehnten fand und findet etwa die Auseinandersetzung von Hannah Arendt mit den einschlägigen Texten Kants viel Aufmerksamkeit.[9] Arendt, ob nun überschätzt oder nicht, ist hier wie auch bei einer ganzen Reihe weiterer Themen zu einem Fixpunkt neuerer Debatten geworden.[10] Das belebt andere Disziplinen, beispielsweise die Pädagogik, zu deren Themenfeldern die politische Bildung zählt. Ihre Hauptaufgabe besteht bekanntlich darin, in der Schule den Heranwachsenden und in Institutionen wie zum Beispiel politischen Akademien den Erwachsenen demokratiepraktische politische Urteilskraft zu vermitteln beziehungsweise sie darin weiterzubilden.[11] Dabei gilt es, der Versuchung zu widerstehen, politische Bildung auf einen Kanon normativer Überzeugungen und politische Urteilskraft auf deren Nachplappern zu reduzieren.

Was auffällt: Den Konzepten des politischen Urteilens und der politischen Urteilskraft wird in der Politikwissenschaft vergleichsweise wenig Aufmerksamkeit gewidmet. Und das, obwohl sie sich unter dem Etikett der Demokratiewissenschaft etabliert hat[12] und in der Tat demokratische Verhältnisse benötigt wie der Fisch das Wasser. Mit dem Konzept der politischen Urteilskraft beschäftigen sich nur wenige Politologen, und wenn, dann im Kontext der politischen Ideengeschichte.[13]

Am Niedergang des Rezensionswesens lässt sich darüber hinaus mangelnder Mut zum Urteil ablesen. Renommierte Wissenschaftler halten sich von Besprechungen fern: sei es, weil sie zwar viel Arbeit machen, aber in der Scientific Community nicht »zählen«; sei es, weil klare, auch negative

8 Vgl. Rainer Enskat (Hg.), Erfahrung und Urteilskraft, Würzburg 2000.

9 Vgl. Hannah Arendt, Das Urteilen. Texte zu Kants politischer Philosophie, hg. von Ronald Beiner, München 1985. Inzwischen liegt dieses Buch in der 5. Auflage vor.

10 Vgl. etwa nur Andrea Marlen Esser, Politische Urteilskraft. Zur Aktualität eines traditionellen Begriffs, in: Deutsche Zeitschrift für Philosophie, Jg. 65 (2017), H. 6, S. 975–998; Susanne Lüdemann, Vom Unterscheiden. Zur Kritik der politischen Urteilskraft bei Hannah Arendt und Giorgio Agamben, in: Eva Geulen u. a. (Hg.), Hannah Arendt Giorgio Agamben. Parallelen, Perspektiven, Kontroversen, München 2008, S. 27–40.

11 Vgl. Ingo Juchler, Rationalität, Vernunft und erweiterte Denkungsart. Zur normativen Bestimmung politischer Urteilskraft für die politische Bildung, in: Zeitschrift für Politik, Jg. 52 (2005), H. 1, S. 97–121.

12 Vgl. u. a. Joachim Detjen, Politische Erziehung als Wissenschaftsaufgabe. Das Verhältnis der Gründergeneration der deutschen Politikwissenschaft zur politischen Bildung, Baden-Baden 2016.

13 Das kann recht anregend sein: Rieke Schäfer, Sympathie und politische Urteilskraft. Zum politischen Denken Adam Smiths, Münster 2016.

Urteile verpönt sind, um nicht »anzuecken«. Und jüngere Kollegen scheuen in ihren Rezensionen oft ebenfalls deutliche Standpunkte, sind sie doch mit dem Forschungsstand außerhalb ihres engen Spezialgebiets vielfach noch nicht genügend vertraut – was kein Vorwurf sein soll.

Vor bald vierzig Jahren wollte der kanadische Politologe Ronald Beiner in seinem Essay über politische Urteilskraft den Kern des Politischen ausdrücklich nicht in Konzepten wie Macht, Interesse oder Ordnung verorten, sondern in (Sprach-)Akten der Auseinandersetzung, Beratung und des Urteilens.[14] Das hat, alles in allem, wenig Resonanz in der Disziplin gefunden. Politisches Urteilen und politische Urteilskraft werden hier stattdessen häufig allein an ihren prognostischen Erfolgen gemessen.[15]

Insofern ist es ein Missverständnis, wenn Klaus von Beyme immer wieder die Implosion des Ostblocks als den »Schwarzen Freitag der Sozialwissenschaften«[16] bezeichnet, da niemand den Zusammenbruch des realen Kommunismus vorhergesehen habe. Das Verdikt fachwissenschaftlichen Versagens lässt sich treffender auf einen anderen Sachverhalt beziehen: Die Illegitimität des kommunistischen Herrschaftssystems kam in den 1970er und 1980er Jahren zu wenig zur Sprache. Um sie zu erkennen, bedurfte es nicht erst der Analyse der Hinterlassenschaften der Diktaturen. Hingegen verfehlt die Fixierung auf die mangelhafte Prognosefähigkeit ein angemessenes Verständnis der Sozial- und Geisteswissenschaften, legt sie doch inadäquate Maßstäbe zugrunde.

Peter J. Steinberger hat diese Denkweise denn auch nachdrücklich kritisiert, weil sie politisches Urteilen auf derselben Ebene ansiedeln würde wie naturwissenschaftliches Urteilen und jegliches Kontingenzbewusstsein ausklammere.[17] Zwar gibt es im deutschsprachigen Raum seit längerem mehrere fundierte erkenntnis- und wissenschaftstheoretische Debatten über die Differenzen und Schnittmengen naturwissenschaftlicher Rationalität und sozialwissenschaftliche Parteilichkeit. Ihr Echo in der Politikwissenschaft gab den Takt vor für die Positionierung unterschiedlicher »Schulen«, die sich fröhlich bis erbittert bekämpfen, was nicht unbedingt erkenntnisfördernd wirkt.

MÜNDIGKEIT UND POLITISCHE URTEILSKRAFT

Ohne mündige Staatsbürger verdorrt der demokratische Verfassungsstaat. Moderne Demokratien sind schon längst nicht mehr nur als eine spezifische Herrschaftsordnung mit charakteristischen Pflichten und Rechten der Staatsbürger und typischen Gestaltungen des politischen Systems anzusehen. Darüber hinaus benötigen sie, über die unterschiedlichen Interessen, Lebensstile und Streitfragen hinweg, mehr als bloß ein Minimum an Beteiligungs- und

14 Vgl. Ronald Beiner, Political Judgement. Abingdon 2010, S. XIV.

15 Ein gutes Beispiel dafür: Philip Tetlock u. Barbara Mellers, Judging Political Judgment, in: Proceedings of the National Academy of Sciences of the USA, 111. Jg. (2014), H. 32, S. 11.574 f.

16 Zuerst: Klaus von Beyme, Schwarzer Freitag der Sozialwissenschaften. Die Osteuropaforschung nach dem Zusammenbruch des realen Sozialismus, in: Unispiegel Heidelberg, H. 1/1991, S. 5.

17 Peter J. Steinberger, The Concept of Political Judgment. Chicago 1993, S. 281–286.

Verantwortungsbereitschaft sowie an gesellschaftlicher Solidarität. Und dazu wiederum braucht es politische Urteilskraft.

Ob das allgemeine Niveau politischer Urteilskraft heute im Vergleich zu früheren Epochen gesunken ist, ließe sich exakt nur mittels sehr aufwendiger Studien ermitteln. Doch drängt sich manchmal der Eindruck auf, sie sei im öffentlichen Diskurs heute eine eher seltene Ressource. Von außen betrachtet verläuft politisches Urteilen immer im Rahmen bestimmter Voraussetzungen und Handlungskontexte. Das eine ist nicht vom anderen abzutrennen. Es geht also nicht um das Aufspüren politischer Gesetzmäßigkeiten, vielmehr um die Angemessenheit des Urteils im Hinblick auf die Konstellationen, in denen es formuliert wird, und um das darauf fußende politische Handeln.[18]

Politische Urteilskraft hilft dem einzelnen, Daten und Informationen zu sortieren, politische Zusammenhänge zu erkennen, einseitige und propagandistische Nachrichten zu durchschauen, kurz: sich in dem Getriebe der Politik zu orientieren. Nur wer weiß, was geschieht, kann Klarheit über die eigenen politischen Prioritäten erlangen und entsprechend agieren. Kluges Handeln (in der Politik wie anderswo) setzt Sachkenntnisse voraus, das Interesse an ihrer Erweiterung und nicht zuletzt einen Grundstock an Lebenspraxis. »Kreißsaal, Hörsaal, Plenarsaal« – das sollte kein Leitbild sein.

Ingredienzien politischer Urteilskraft sind unter anderem eine gesunde Skepsis, das Aushalten von Ambivalenz, Standfestigkeit beim Verteidigen der eigenen Argumentation. Ferner auch, was politische Nachdenklichkeit heißen könnte, und die Fähigkeit zur Selbstkritik. Dabei kommt es immer auf die Dosierung an. Sonst wird aus Skepsis paranoisches Misstrauen, aus dem Aushalten von Ambivalenz Meinungsbeliebigkeit und aus Standfestigkeit ohne Selbstkritik Borniertheit. Neben einem klaren Verstand setzt politische Urteilskraft Menschenkenntnis, Realitätssinn sowie Einfühlungs- und Antizipationsvermögen voraus – und nicht zuletzt Demut sowie die sokratische Einsicht in die Begrenztheit des eigenen Wissens.[19]

Für all das zusammengenommen bietet sich der Begriff der politischen Mündigkeit an. Sich entschlossen und mutig des eigenen Verstandes ohne Leitung eines anderen zu bedienen, das macht nach der berühmten und nur in verstopften Ohren antiquiert klingenden Definition Immanuel Kants Aufklärung möglich, den Ausgang des Menschen aus seiner selbst verschuldeten Unmündigkeit. Freilich geht es nicht nur um die selbst verschuldete, also, wie Kant geradezu aufgebracht formuliert hat, durch Faulheit und Feigheit aufrechterhaltene Unmündigkeit.[20] Davon gab es zwar immer im Überfluss. Aber so kann Demokratie nicht funktionieren. Demokratie braucht mündige Staatsbürger mit politischer Urteilskraft.

18 Vgl. Raymond Geuss, What is Political Judgement?, in: Richard Bourke u. Raymond Guess (Hg.), Political Judgement. Essays for John Dunn, Cambridge 2009, S. 34 f.

19 Vgl. Wilfried von Bredow u. Thomas Noetzel, Politische Urteilskraft, Wiesbaden 2009, S. 11–17.

20 Vgl. Immanuel Kant, Beantwortung der Frage: Was ist Aufklärung?, in: Berlinische Monatsschrift, Dezemberheft 1784, zitiert nach: Immanuel Kant, Werkausgabe, Bd. XI, hg. von Wilhelm Weischedel, Frankfurt a. M. 1977, S. 53.

Dies klingt recht anspruchsvoll. Tatsächlich muss politische Urteilskraft geübt werden. Diese Übung ist in demokratischen Gesellschaften nicht zuletzt eine Aufgabe der politischen Bildungsarbeit, welche freilich weder bei Jugendlichen noch bei Erwachsenen sonderlich gut funktioniert. Darüber hinaus lässt sich politische Urteilskraft keineswegs nur über die permanente Beschäftigung mit der Politik erreichen. Zwar gewann in der Lebenswelt einer wachsenden Zahl von Menschen, besonders in den komplexen modernen Gesellschaften, der Bereich des Politischen immer weiter an Gewicht. Aber in einer liberalen Sichtweise legt der vor einigen Jahrzehnten in Mode gekommene programmatische Aufruf zur Politisierung aller Lebensbereiche, selbst und besonders des Privaten, eher den Keim für die Erosion politischer Urteilskraft.

DEFIZITE

Aus der Universalpolitisierung erwächst häufig nur eine neue Unversöhnlichkeit in der politischen Auseinandersetzung, als deren Protagonisten Gruppen in den Vordergrund rücken, die sich ihre Identität über bestimmte unverrückbare Wahrheiten zusammenbasteln und die für ihre Ziele unbedingte Priorität verlangen. »Das Problem bei der Klimakrise ist: Politische Kompromisse funktionieren nicht. Es gibt keinen Mittelweg, es geht um die Frage: Schaffen wir es, die Erderhitzung auf 1,5 Grad zu begrenzen, ja oder nein?«[21]. Man kennt diese existentiell aufgeladene, fast apokalyptische Argumentations-Militanz aus den Jahren der Anti-Atomkraft-Bewegung. Eine solche Haltung stellt das grundlegende Funktionsprinzip der Demokratie, das Finden von Kompromissen, infrage, weil sie entgegenstehenden Argumenten über die Sachlage und über das, was zu tun ist, schon die Prüfberechtigung verweigert. Das gilt als reine Zeitverschwendung.

Phänomene wie »Wutbürger«, die als »Mutbürger« auftreten und sich manchmal, sarkastisch formuliert, lediglich als »Hutbürger« erweisen, das gewachsene und oft abgrundtiefe Misstrauen gegen den Staat oder das reflexartige Eliten-Bashing sind Zeugnisse einer in dieser Form neuen Unversöhnlichkeit. Man trifft auf sie in ganz verschiedenen gesellschaftlichen Milieus. Die üblichen zur Verfügung stehenden Kategorien zur Charakterisierung und Einordnung dieser Phänomene greifen nur ansatzweise: Das trifft zum Beispiel, obwohl es manchmal bildkräftig so aufgemacht wird, auf die klassische Erklärung von der Kluft zwischen den Generationen zu.

Auch die überkommene Rechts-Links-Einteilung ist zwar nicht gänzlich ausgehebelt, spielt aber zum Beispiel bei den Gegnern der Regierungspolitik in der Corona-Pandemie eine untergeordnete Rolle. Von den Protest-Wählern,

21 Interview mit der Klimaaktivistin Carla Reemtsma, in: ZEIT Campus ONLINE, 25.09.2020, URL: https://www.zeit.de/campus/2020-09/carla-reemtsma-fridays-for-future-klimaschutz?utm_referrer=https %3A %2F %2Fwww.google.com %2F [eingesehen am 26.09.20].

wie wir sie aus den vergangenen Jahrzehnten kennen, unterschieden sich etwa die meisten Teilnehmer der Pegida-Demonstrationen durch eine zum Teil hasserfüllte Emotionalität, gerichtet gegen Flüchtlinge und die für die deutsche Flüchtlingspolitik Verantwortlichen. Mini-Gruppen mit teils durchaus verständlichen Gerechtigkeits-Anliegen legen sich eine harte, undurchdringliche Identitätsschale zu und bedrängen brachial Andersdenkende.

Was beunruhigen muss: Parolen, Einstellungen und die sektenartige Verbissenheit, eigentlich typisch für links- und rechtsextreme Außenseiter, finden inzwischen Resonanz selbst in der Mitte des politischen Spektrums. Ganz neu ist dies allerdings nicht. Denn auch die Gegner des NATO-Doppelbeschlusses vom Dezember 1979 konnten in den drei, vier Folgejahren ihre Basis weit ins »bürgerliche« Lager hinein verbreitern. Ein jüngeres Beispiel für diesen Vorgang (jetzt nicht mehr von links, sondern von rechts ausgehend) lieferten etwa hoch angesehene Juristen, denen angesichts des 2015 in Deutschland ankommenden Flüchtlingsstroms nichts anderes einfiel als die Vokabel »Staatsversagen«. Dieser politische Klimawandel wirkt zudem keineswegs bloß in Deutschland, sondern ähnlich auch in vielen westlichen Demokratien. Man denke nur an die »Gelbwesten« in Frankreich.

Manchen sozialen und politischen Gruppierungen gelten die eigenen politischen Werte und Urteile als moralisch höherwertig und irrtumsfrei. Wer sie infrage stellt, begeht ein Sakrileg, erfährt Ächtung. Deswegen fehlt es heute weithin an Kritik am Feminismus, um lediglich ein Beispiel zu nennen. Aus dem Idealismus der Gesinnung schießt eine politische Unerbittlichkeit hervor, die Deliberationen nicht mehr zulässt, sondern als Geschwafel abtut. Dem Selbstverständnis der hier aktivistisch Agierenden zufolge besteht ihre politische Stärke gerade im Ablehnen politischer Urteilskraft. Sie wird nicht mehr gebraucht. Idealistische Gesinnungsethik überlagert oft realistische Verantwortungsethik. Hermann Lübbe hat diesbezüglich bereits 1987 vom Triumph der Gesinnung über die Urteilskraft gesprochen.[22]

Politische Urteilskraft erwächst dabei keineswegs automatisch als Nebenprodukt höherer Bildung und wachsender Fachkompetenz. Welch eine Enttäuschung! Selbst ein Studium der Politikwissenschaft ist dafür keine Garantie. Wer dieses Fach so versteht, als erklärten komplizierte Statistiken, durch den Computer gejagt, das politische Geschehen, entpuppt sich als Opfer eigener Simplifizierung. Und wer das Fach nur als Lautsprecher eigener politischer Weltbilder benutzt, schneidet letztlich den Ast ab, auf dem er oder sie als wahrheitssuchender Wissenschaftler posiert. Politikwissenschaft, um es nochmals zu wiederholen, muss mehr sein als die Fortsetzung der Politik mit anderen Mitteln.

22 Vgl. Hermann Lübbe, Politischer Moralismus. Der Triumph der Gesinnung über die Urteilskraft, Berlin 1987.

Mit politischer Urteilskraft sind Intellektuelle nicht häufiger gesegnet als andere Menschen. Allerdings können sie das oft erfolgreicher durch eine selbstgewisse Eloquenz verdecken. Viele Intellektuelle verwechseln die von ihnen reklamierte moralische Überlegenheit der eigenen Meinung mit politischer Urteilskraft. Das gelingt mittels eines weit verbreiteten Tricks, nämlich der Überschreibung politischer Konflikte mit moralischen Kategorien.[23] Problematisch ist das vor allem deshalb, weil Intellektuelle die potentiellen Meinungsführer im öffentlichen Diskurs sind. Sie treiben ihn an, wenn sie ihn auch nicht lenken. Anders gesagt: Sie geben den Ton an, ohne selbst Schlüsselentscheidungen des Gemeinwesens zu bewirken.[24]

Zudem sind Intellektuelle genauso leicht korrumpierbar und verführbar wie andere Bürger. Dass sich unter den gegenwärtigen Verhältnissen in den westlichen Demokratien die Intellektuellen allerdings wirklich selbst überflüssig gemacht haben, wie Hans Ulrich Gumbrecht selbstkritisch meint[25], ist damit noch lange nicht gesagt. Es genügt, gegen die Vorstellung gefeit zu bleiben, Intellektuelle verfügten über besondere Stärkungsmittel für ihre politische Urteilskraft.

Irren ist menschlich, aber im Irrtum zu verharren teuflisch, heißt es beim Kirchenvater Hieronymus. Selbst Personen mit politischer Urteilskraft sind vor Irrtümern nicht gefeit. Schwinden der Wille und die Fähigkeit zur Korrektur auf der Grundlage neuer Daten und Informationen, wird es problematisch. Wer es kategorisch ablehnt, die eigenen politischen Meinungen kritisch zu überprüfen sowie gegebenenfalls zu revidieren, und zwar nicht nur im Austausch mit anderen, sondern auch durch das eigene Denken, igelt sich ein und macht sich blind.

Die Versuchung dazu ist groß. Und sie ist aus vielen Gründen, vor allem wegen der Verbreitung der »sozialen Medien«, in letzter Zeit gestiegen – etwa angesichts von Filterblasen. Anfänglich, mit allerdings leicht durchschaubarer Naivität, als Medien der Demokratisierung gepriesen (weil jeder seine individuelle Meinung öffentlich machen kann), mutierten die sozialen Medien rasch zu Echokammern anonymer Schreihälse ohne Sinn und Verstand. Das ist besonders schade, weil selbstverständlich auch viel Vernünftiges und Nachdenkliches in diesen Medien zur Sprache kommt und sie gerade in nichtdemokratischen Gesellschaften als Mittel zur Sammlung der vom Regime unterdrückten Opposition wirken können. Dieses Vehikel kritischer Gedanken und Konzepte droht aber steckenzubleiben, wenn jeden Tag massenweise Falschinformationen und »alternative Wahrheiten« das Netz überfluten.

Für manche zählt lediglich das, was im Internet steht. Angebote an ideologischen Pseudo-Gewissheiten mit beinhartem, absolutem Wahrheitsanspruch

23 Vgl. etwa Alexander Grau, Hypermoral. Die neue Lust an der Empörung, München 2017.

24 Vgl. Eckhard Jesse, Wo sich von links bis rechts alle geirrt haben, in: Neue Zürcher Zeitung, 22.05.2019.

25 Vgl. Hans Ulrich Gumbrecht, Die Debatte läuft sich tot, in: Neue Zürcher Zeitung, 08.08.2020.

finden kräftig Zuspruch. Älteste Stereotype und Diskriminierungs-Traditionen werden wiederbelebt, politische Interessenkonflikte und Streitfragen zu existentiellen Grundentscheidungen stilisiert. Im Namen der Demokratie erfolgt ihr Rückbau. Eine Folgeerscheinung dieses Treibens tritt in der Vergröberung der Sprache zutage, ein Prozess, der langsam von den Internet-Medien auf die traditionellen Medien übergreift. Politische Urteilskraft ist angesichts solcher Tendenzen nötiger denn je. Was jedoch grassiert, sind abstruse Mythen und Verschwörungstheorien.

VERSCHWÖRUNGSMYTHEN

Jeweils zwei Beispiele mögen die Unterschiedlichkeit von Verschwörungsmythen[26] augenfällig erhellen: Wer wider jede Evidenz die Mondlandung der US-amerikanischen NASA-Astronauten Neil Armstrong und Buzz Aldrin 1969 bestreitet und wer die Terroranschläge auf das World Trade Center vom 11. September 2001 den Amerikanern zuschreibt, folgt Verschwörungsnarrativen. Immerhin fast jeder fünfte Deutsche – die Angaben in den Umfragen schwanken – glaubt daran. Das wiederum ist kaum zu glauben – und doch glaubhaft.

Der Grundsatz cui bono genügt für die Klärung der Urheberschaft nicht. Aus der Sicht von Verschwörungsideologen hätten sich im ersten Fall die USA einer Tat gerühmt, im zweiten eine solche bestritten, jeweils zu Unrecht. Dass derartige Mythen ins Kraut schießen, fußt auf vielen Ursachen: der Komplexität der Geschehnisse, dem Glauben an dunkle Mächte, dem Vorhandensein starker Feindbilder, dem Verkehren in abgeschotteten Milieus.

Komplizierter liegt der Fall bei zwei anderen aktuellen Themen: den »Russland-Verstehern« und den Gegnern der Schutzmaßnahmen in Sachen Covid-19. Hier ist zu unterscheiden zwischen plumper Apologie und differenzierter Kritik, wobei die Grenzen fließend sind. Gewiss, es gibt genügend unkritische Putin-Parteigänger, doch unbefangene Fragen ohne Soupçon nach dem verabreichten Gift an den Kreml-Kritiker Alexej Nawalny gleiten noch nicht ins Verschwörerische ab.

Gleiches gilt für den, der die Frage aufwirft, ob der Staat aus Angst um die Gesundheit seiner Bürger im Zusammenhang mit Covid-19 nicht überreagiert und dabei vielleicht Kollateralschäden auslöst. Wer in diesen Fällen vorschnell, geradezu reflexhaft von Verschwörungstheorien redet und mit apokalyptischen Szenarien aufwartet, muss den Vorwurf mangelnder politischer Urteilskraft, die er bei der Gegenseite zu Recht anprangert, selber hinnehmen. Was aber Mythen sind: im Nawalny-Fall einfach den Westen für »schuldig« und Covid-19 schlicht als Phantom zu erklären.

26 Vgl. Michael Butter, »Nichts ist, wie es scheint.« Über Verschwörungstheorien, Frankfurt a. M. 2018; ders. u. Peter Knight (Hg.), Routledge Handbook of Conspiracy Theory, London 2020.

Allerdings: Wer eine verstiegene politische Sicht aus einer bequemen Haltung des nonkonformistisch drapierten Konformismus vertritt (und sich dabei noch als besonders mutig ausgibt) oder aus einem politischen Kalkül heraus, um dem politischen Widersacher eins »auszuwischen«, fällt nicht unter die Rubrik mangelnde Urteilskraft, fischt er doch in dem Reservoir der taktischen Raffinesse. Personen, die sich verrennen, glauben hingegen an das, was sie sagen. Insofern zielt der Vorwurf, sie leugneten offenkundige Sachverhalte, ins Leere. Wer nämlich etwas »leugnet« (wie den Holocaust), ahnt immerhin, wie unstimmig die eigene Sicht ist.

Nicht bei jeder Aussage ist klar erkennbar, ob ein auf fehlender Urteilskraft basierender Verschwörungsmythos vorliegt oder schlicht raffinierte Taktik. Dies gilt etwa für Donald Trumps Statements zum Ausgang der Präsidentschaftswahlen. Glaubt er an die Unkorrektheit der Auszählungen oder schützt er dies bloß vor? Vielleicht trifft beides zu. Und vielleicht weiß Trump es selber nicht.

MANGELNDE DEBATTENKULTUR

Der Mangel an politischer Urteilskraft ist besonders deutlich an der hiesigen Debattenkultur erkennbar. Deutschlands politische Kultur war lange von Konsensdenken geprägt, wohl erklärbar mit dem berechtigten Ablehnen von Freund-Feind-Schablonen. In Deutschland ist durch die Flüchtlingskrise herkömmliches Konsensdenken zerbrochen und Polarisierung eingekehrt, die ein vergiftetes Klima fördert. Der Demokratieverdruss wächst, die Diskussionskultur nimmt Schaden. Gerüchte grassieren, unbewiesene Vorwürfe machen die Runde, Verallgemeinerungen finden Zuspruch: »die« Flüchtlinge, »die« Medien, »die« Populisten, »die« Sachsen, »die« Politiker. Die Stickigkeit der politischen Diskussionen ist ebenso schlimm wie die sprachliche Verrohung. Entgleisungen und Ausfälle kursieren. Die Kehrseite der Konsensfalle: eine Polarisierungsfalle.

Alle Argumente, egal von wem sie kommen, sollten sachbezogen geprüft werden. Eine Aussage wird nicht von vornherein dadurch falsch, dass sie der politische Gegner verficht. Deutschland braucht eine offene Debattenkultur, frei von politischer Korrektheit, frei von Beschimpfungen. Wer mehr Dissens in den politischen Diskussionen wünscht, plädiert deswegen nicht für Konfrontation. Umgekehrt wird ein Schuh draus: Der hohe Elitenkonsens auf zentralen Politikfeldern begünstigt die Unversöhnlichkeit erst. Die dröge Konsenskultur muss zu einer zivilisierten Konfliktkultur reifen, in der die Antipoden ihre Argumente in ziviler Form vorbringen. »Die enorme Polarisierung […] entstammt keinem Zuviel, sondern einem Zuwenig an Meinungsstreit.«[27]

27 Tom Mannewitz, »Schandfleck« Sachsen? Über Vorurteile und Forschungsdesiderate, in: Gesellschaft-Wissenschaft-Politik, Jg. 65 (2017), H. 3, S. 374.

Zu einer angemessenen Diskussionskultur in einer Demokratie gehört es, heikle Punkte zu benennen. In einer offenen Gesellschaft müssen politische Konflikte geregelt, nicht gelöst, nicht unterdrückt werden. Die demokratische Streitbarkeit ist mangelhaft entfaltet.[28] Weder altes Konsensdenken noch neue Polarisierung nützt unserem demokratischen Verfassungsstaat. Wer Toleranz, Fairness und Liberalität fordert, wobei sämtliche politischen Richtungen angesprochen sind, fördert gleichermaßen den Abbau von Konsensdenken und Polarisierung. Die grassierende Identitätspolitik dagegen schützt nicht die Freiheit des Individuums, eher im Gegenteil.

Deutschland, schon lange keine Schönwetterdemokratie mehr, kann offene Diskussionen führen, ohne unliebsame Positionen herabzusetzen. Wer die Stärken einer Demokratie mit den Schwächen einer Diktatur zu begründen fördert, zielt ins Leere. Politiker müssen überzeugen, Diskussionen suchen, Führungsbereitschaft an den Tag legen und dürfen nicht bloß in dem Milieu verkehren, in dem sie sich auf der »sicheren Seite« wähnen. Wer Kritiker einer als unbequem empfundenen Position von vornherein in eine abseitige »Ecke« stellt, provoziert eine »Jetzt erst recht«-Haltung. So funktioniert Demokratie nicht. Wir benötigen die offene Gesellschaft.[29]

WAS ZU TUN IST

Mangelnde politische Urteilskraft hat für das Gemeinwesen negative Konsequenzen. Sie provoziert selektives Wahrnehmen wie plump-plakative Positionen ohne Hintergrundwissen. Indoktrination verfängt dann eher. Um an David Goodhart anzuknüpfen: Den »Somewheres«, den »Irgendwo-Menschen«, stehen die »Anywheres«, die »Überall-Menschen«, gegenüber.[30] Wenn die kosmopolitisch gesinnte Elite das »einfache Volk« abschätzig als dumm-populistisch abqualifiziert und die Bürger in ihrer Mehrheit »die da oben« nicht mehr als ihre legitimen Interessenvertreter betrachten, brodelt es, mit unabsehbaren Folgen für die Liberalität wie für die Stabilität des Gemeinwesens. Vertrauen geht verloren, politische Urteilskraft bleibt auf der Strecke.

Und kulturelle, politische wie wirtschaftliche Eliten propagieren zwar Diversität, praktizieren sie aber nicht immer. Gesinnungskorridore sind einer offenen Gesellschaft unwürdig. Meinungsfreiheit muss unteilbar sein.[31] »Es geht nicht um links oder rechts, konservativ oder progressiv, moralisch ›richtig‹ oder ›falsch‹, sondern allein um die in einer Demokratie nötige Möglichkeit, seine Meinung frei vortragen zu können.«[32]

Im September 2020 ist ein von den liberalen Publizisten Milosz Matuschek und Gunnar Kaiser initiierter »Appell für freie Debattenräume« veröffentlicht

28 Vgl. Andrea Römmele, Zur Sache! Für eine neue Streitkultur in Politik und Gesellschaft, Berlin 2019; Ulrike Ackermann, Das Schweigen der Mitte. Wege aus der Polarisierungsfalle, Darmstadt 2020.

29 Siehe überzeugend Stefan Brunnhuber, Die offene Gesellschaft. Ein Plädoyer für Freiheit und Ordnung im 21. Jahrhundert, München 2019.

30 Vgl. David Goodhart, The Road to Somewhere. The Populist Revolt and the Future, London 2017.

31 Siehe jüngst Wolfgang Kubicki, Meinungs*un*freiheit. Das gefährliche Spiel mit der Demokratie, Frankfurt a. M. 2020.

32 Gerhard Schwarz u. Stephan Wirz, Für eine Rückkehr zur Debattenkultur, in: Neue Zürcher Zeitung, 25.09.2020.

worden. In ihm heißt es u. a.: »Wir erleben gerade einen Sieg der Gesinnung über rationale Urteilsfähigkeit. [...] Das Denken in Identitäten und Gruppenzugehörigkeiten bestimmt die Debatten – und verhindert dadurch nicht selten eine echte Diskussion«.[33] Die Gefahr geht dabei nicht vom Staat aus, sondern von gesellschaftlichen Kräften, die sich schwer damit tun, andere Positionen zu respektieren. Zu den Erstunterzeichnern, die ganz unterschiedliche Richtungen repräsentieren, gehören u. a. Götz Aly, Heidi Bohley, Hans Christoph Buch, Necla Kelek, Harald Martenstein, Reinhard Merkel, Dieter Nuhr, Cora Stephan, Ilja Trojanow und Günter Wallraff.

Gewiss, zur politischen Urteilskraft gehört auch das Bewusstsein von der Offenheit der Zukunft. Aber die eine Entwicklung ist wahrscheinlicher als die andere. Der Bielefelder Historiker Reinhart Koselleck unterscheidet zwischen zwei zentralen Kategorien: dem »Erfahrungsraum« und dem »Erwartungshorizont«. Erfahrung sei »gegenwärtige Vergangenheit«, Erwartung »vergegenwärtigte Zukunft«.[34] Wer dieses komplexe Konzept auf politische Urteilskraft zu übertragen sucht, dem leuchtet ein, dass die Gegenwart vom Erfahrungsraum (»das Passierte musste nicht so passieren«) ebenso beeinflusst wird wie vom Erwartungshorizont (»aus der Geschichte lernen«): »keine Erwartung ohne Erfahrung, keine Erfahrung ohne Erwartung.«[35]

Politische Urteilskraft kommt mithin dem zu, der beim Abwägen des gegenwärtigen Geschehens weder die vergangene noch die zukünftige Dimension vernachlässigt. Dabei verbietet es sich, die Vergangenheit in einem System mit der Zukunft in einem anderen zu vergleichen. Die Schieflage ist offenkundig.

Wie kann Urteilskraft wachsen? Die Frage zu stellen, fällt weitaus leichter als sie zu beantworten. Eine nicht verengte Debattenkultur, die Konflikte offen anspricht, sie weder vertuscht noch sie als unüberbrückbar überhöht, vermag politische Urteilskraft zu fördern. Demokratischer Streit ist wie das Salz in der Suppe. Allerdings: Bekenntnis ohne Kenntnis verfängt ebenso wenig wie Kenntnis ohne Bekenntnis.

Zur Urteilskraft gehört es, Korrelation von Kausalität zu unterscheiden. Das Motto Claudio Acquavivas verdient es, beherzigt zu werden: fortiter in res, suaviter in modo. Jede Seite sollte im Diskurs gegnerische Positionen ernst nehmen und sie nicht durch politische wie sprachliche »Korrektheit« stigmatisieren. Dazu zählt, sich möglichst die stärksten Argumente des Widerparts vorzuknöpfen. Und: Angstfreie Kommunikation ist vonnöten, das Wort von der »Kontaktschuld« verräterisch.

Was wenig taugt, aber oft vorkommt: einer Position vorzuhalten, sie erhalte »Beifall von der falschen Seite«. Wen Angst davor befällt, dem fehlt es

33 Milosz Matuschek u. a., Appell für Freie Debattenräume, URL: https://idw-europe.org/ [eingesehen am 26.09.2020.]

34 Reinhard Koselleck, »Erfahrungsraum« und »Erwartungshorizont«. Zwei historische Kategorien, in: Ders., Vergangene Zukunft. Zur Semantik geschichtlicher Zeiten, Berlin 2010, S. 354 f.

35 Ebd., S. 352.

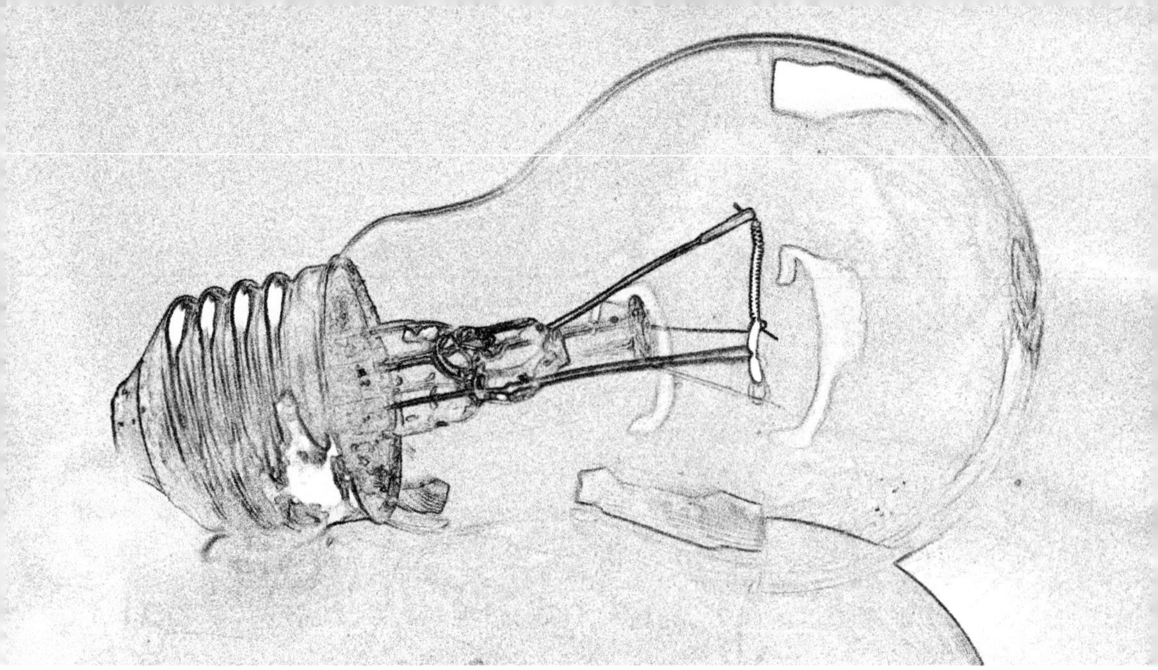

an Selbstbewusstsein. Denn dieser Befund sagt nichts über die Plausibilität eines Arguments aus. Wer in einer offenen Gesellschaft von »abweichenden Meinungen« spricht, als solle es bloß »normale« geben, verkennt den Sinn der politischen Urteilskraft. Minderheitsmeinungen können zu Mehrheitsmeinungen avancieren. Das ist ein Kennzeichen einer offenen Gesellschaft.

Deutschland braucht (Politik-)Wissenschaftler, die Flagge zeigen, über *common sense* verfügen, die Fähigkeit zur Selbstkritik besitzen und obendrein nicht bloß als Verstärker des politischen Mainstreams auftreten. Von einem Altmeister der deutschen Politikwissenschaft, dem Berliner Pluralismustheoretiker Ernst Fraenkel, stammt die Aussage, »dass eine Politikwissenschaft ihren Beruf verfehlt hat, die nicht bereit ist, ständig anzuecken, die sich scheut, peinliche Fragen zu stellen und Vorgänge, die kraft gesellschaftlicher Konvention zu arcana societatis erklärt worden sind, rücksichtslos zu beleuchten, die es unterlässt, freimütig gerade über diejenigen Dinge zu reden, über die ›man nicht spricht‹. Politologie ist kein Geschäft für Leisetreter.«[36]

36 Ernst Fraenkel, Die Wissenschaft von der Politik und die Gesellschaft, in: ders., Gesammelte Schriften, Bd. 6, hg. von Hubertus Buchstein u. Klaus-Gert Lutterbeck, Baden-Baden 2011, S. 433.

Prof. Dr. Wilfried von Bredow, geb. 1944, lehrte von 1972 bis 2009 über Internationale Beziehungen an der Philipps-Universität Marburg. Schwerpunkte: Außen- und Sicherheitspolitik Deutschlands, Ost-West-Konflikt.

Prof. Dr. Eckhard Jesse, geb. 1948, lehrte von 1993 bis 2014 über Politische Systeme und politische Institutionen. Schwerpunkte: historische Grundlagen der Politik, Extremismus und Demokratie.

WAS WISSEN SCHAFFT

WISSENSCHAFT UND DEUTUNGSMACHT IN ZEITEN DER CORONA-KRISE

Ξ Nils Markwardt

Im Ausnahmezustand hat sich politisch plötzlich vieles verschoben. Mandatsträger, die zuvor auf die Selbstregulierung des Marktes setzten, entdecken nun die Lust am staatsdirigistischen Durchregieren; Geld, das vermeintlich nicht da war, wird von Staaten jetzt im großen Stil ausgeschüttet; die globalisierte Mobilität, die sich stets nur zu beschleunigen schien, wurde in vielen Bereichen gedrosselt oder gar stillgelegt.

Anderes hingegen verlief im Corona-Diskurs durchaus so, wie es zu erwarten war. Allem voran die Tatsache, dass sich in der Debatte um die wissenschaftliche und politische Einordnung des Virus schnell eine Front der »Zweifler« bildete. Auf Regierungsebene wäre da etwa der ehemalige US-Präsident Donald Trump, der die Gefahr von Covid-19 während seiner Amtszeit so sehr verharmloste, dass die Vereinigten Staaten Anfang Januar 2021 bereits über 375 000 Corona-Tote verzeichneten – fast so viele Opfer, wie die USA im Zweiten Weltkrieg beklagten. Eine Mischung aus Verharmlosung und desaströsem Pandemie-Management offenbarte sich auch bei Brasiliens Präsident Jair Bolsonaro, der, so wie Trump, selbst durch seine eigene Covid-19-Erkankung nicht nachhaltig geläutert wurde. Ähnliches auf publizistischer Ebene. Zu Beginn der Pandemie warnte beispielsweise Roger Köppel angesichts der bis dato relativ niedrigen Anzahl an Corona-Toten in der Schweiz vor einer »medial-epidemiologisch befeuerten Politpanik« und wähnte das Land schon auf dem Weg in die Diktatur. Mit ähnlichen Argumenten hatte in Deutschland zuvor bereits der ehemalige SPD-Bundestagsabgeordnete Wolfgang Wodarg für Aufsehen gesorgt. Dessen These: Covid-19 sei harmloser als eine normale Grippe, und Virologen würden die ganze Sache nur aufblasen, um Aufmerksamkeit und Forschungsmittel abzuräumen. Damit war er insbesondere im Netz auf große Resonanz gestoßen.

In vielen Ländern formierte sich schließlich auch ein zunehmender, oft von Rechtspopulisten befeuerter Straßenprotest, der sich gegen die coronabedingten Kontaktbeschränkungen wendet. Etwa in den USA, wo bewaffnete Trump-Anhänger buchstäblich gegen den Shutdown mobilmachten, indem sie im Mai 2020 das Parlamentsgebäude in Michigan stürmten. Und in

Deutschland, wo etwa der »Demokratische Widerstand«, ein obskures Bündnis aus Verschwörungstheoretikern, Antikapitalistinnen und Rechtsextremen, vor »Impfterrorismus« und einem »dystopischen Digital- und Pharmakonzernkartell« warnte oder die »Querdenken«-Bewegung mit einem ähnlichen ideologischen Mix unzählige Demonstrationen veranstaltete und sich im Netz sowie über Messenger-Dienste organisierte. Charakteristisch für diese (Quer-) Front der »Zweifler« ist, dass es ihnen nicht um eine rationale Debatte über die Ausbalancierung von Infektionsschutz, freiheitlichen Grundrechten sowie ökonomischen Folgeschäden geht; sondern dass sie die jeweils verhängten Corona-Maßnahmen per se als »Panikmache« verbuchen oder gar als Teil einer groß angelegten Verschwörung begreifen.

Warum kommt das alles nicht überraschend? Weil sich hier Muster wiederholen, die man aus der Debatte über den Klimawandel oder den Erfahrungen mit Rechtspopulisten kennt, historisch aber ebenso aus den Diskussionen über den Zusammenhang von Tabakkonsum und Krebserkrankungen. Sprich: Bestimmte Gruppen lehnen wissenschaftliche Fakten ab, unterstellen Forscherinnen eigennützige Motive und verwerfen die sogenannte »Mainstream«-Berichterstattung als »gleichgeschaltet« und manipulativ.

Was hält man solch raunenden bis verschwörungstheoretischen Argumentationen entgegen? Für alle Vertreter eines aufgeklärten Rationalismus heißt die Antwort wieder einmal: Sie müssen die Kraft der Fakten, die Legitimität wissenschaftlicher Verfahren sowie der sich daraus ergebenden Autorität der Wissenschaftsgemeinde verteidigen. Dementsprechend hat man im Zuge der Pandemie ja auch immer wieder das zweifellos notwendige Plädoyer vernommen: Hört auf die Wissenschaft! Oder konkreter: Schaut auf Zahlen, Statistiken und Modellrechnungen, hört auf wissenschaftliche Institutionen und Experten, vertraut den Verfahren der Wissenschaftsgemeinde. Und mit ebendiesem Plädoyer könnte der Text dann auch enden. Könnte.

Leider jedoch liegt die Sache etwas komplizierter. Denn die Forderung, schlichtweg auf die Wissenschaft zu hören, mag angesichts von publizistischen Profilneurotikerinnen, Verschwörungstheoretikern und postfaktischen Populistinnen zunächst so richtig wie nötig sein. Dennoch birgt sie selbst Probleme. Sie müssen selbstbewusst benannt werden, und damit muss die bloß reflexhafte Anrufung wissenschaftlicher Autorität auf den Prüfstand gestellt werden. Nicht um eine Hintertür für unterdessen eindeutig widerlegte Thesen zu öffnen, allen voran jene, dass Covid-19 harmloser als die saisonale Grippe sei. Und erst recht nicht, um Verschwörungstheorien auch nur ansatzweise hoffähig zu machen. Vielmehr braucht es diesen differenzierten Umgang, um beim zweifellos notwendigen Rekurs auf wissenschaftliche Erkenntnisse nicht in einen plumpen Positivismus zurückzufallen, der für die Demokratie langfristig ebenfalls gefährlich werden kann. Oder zugespitzter gesagt: um Wissenschaft nicht selbst zu einer Glaubensfrage zu degradieren. Ein differenzierter Umgang mit wissenschaftlicher Autorität könnte außerdem dabei helfen, dass Desinformationskampagnen weniger Resonanzräume finden. *Drei Gründe* also, warum wir es uns mit dem Verweis auf die Wissenschaft nicht zu einfach machen sollten.

1. DER FALSCHE SINGULAR

Zunächst der offensichtlichste und banalste Grund, warum man sich nicht einfach auf die Wissenschaft berufen kann: weil es *die* Wissenschaft nicht gibt. Schon deshalb nicht, weil sie sich in eine Vielzahl von Disziplinen aufteilt und sich selbst innerhalb einzelner Disziplinen, etwa der Virologie, wiederum in hoch spezialisierte Teilbereiche auffächert. Vor allem aber auch, weil Wissenschaft – in den Worten der amerikanischen Wissenschaftshistorikerin Naomi Oreskes – eine Form der »organisierten Skepsis« ist. Einer Skepsis, die auch wissenschaftlichen Konsens produziert, aber eben gerade erst durch langwierige, von Zweifeln angetriebene Überprüfungen.

Natürlich gibt es unzählige wissenschaftlich gesicherte Erkenntnisse, etwa dass sich die Erde um die Sonne dreht oder die Klimakrise im Wesentlichen menschengemacht ist. Doch gerade bei der Erforschung neuer Phänomene wie dem Sars-CoV-2-Virus offenbart sich die Wissenschaft oft zunächst einmal »nur« als Versammlung verschiedener Erkenntnisse: Ergebnisse, die sich bisweilen ergänzen, aber eben auch durchaus widersprechen und allesamt je nach Datenlage auch wieder ändern können.

Dass in vielen Fällen die Wissenschaft also nicht im Sinne eines gesicherten Einheitswissens angerufen werden kann, führt die Corona-Krise geradezu exemplarisch vor: etwa wenn führende Virologen ihre Einschätzungen im Lauf der Zeit und angesichts neuer Erkenntnisse selbst immer wieder geändert oder modifiziert haben. Oder wenn es am Anfang der Pandemie einen Disput über den Nutzen der Maskenpflicht gab, welche der Präsident des Weltärztebundes Frank Ulrich Montgomery zunächst für »lächerlich« erklärte und welche auch von der WHO nicht empfohlen wurde – bis immer mehr Daten vorlagen, die ihren Nutzen unterstrichen, sodass sowohl Montgomery als auch die WHO ihre Meinung schließlich nachdrücklich änderten.

Wollte man sich vor diesem Hintergrund nun auf die Wissenschaft berufen, müsste also mindestens klar werden, dass damit nicht nur konsensuelles Tatsachenwissen gemeint ist, sondern auch und vor allem das System Wissenschaft: ein Zusammenspiel von historisch gewachsenen Verfahren,

Prozeduren und Institutionen, das nicht zuletzt vom Zweifeln und Überprüfen lebt – und das gerade deshalb »Wahrheit« produzieren kann.

2. FALSCHE PROPHETEN

Damit aber entsteht schon das nächste Problem. Denn so richtig es ist, diesen Systemcharakter der Wissenschaft zu betonen, führt dies innerhalb der demokratischen – also der nicht-wissenschaftlichen – Debatte mitunter zu einem Kollateralschaden. Das notwendige Beharren auf den Wert wissenschaftlicher Institutionen und Verfahren erzeugt bisweilen nämlich den paradoxen Effekt, dass Desinformationskampagnen geradezu davon profitieren. Und zwar deshalb, weil sie sich selbst die Autorität des wissenschaftlichen Systems zunutze machen. Anders gesagt: Desinformationskampagnen versuchen wissenschaftliche Erkenntnisse oft mit wissenschaftlich wirkenden Mitteln zu unterlaufen.

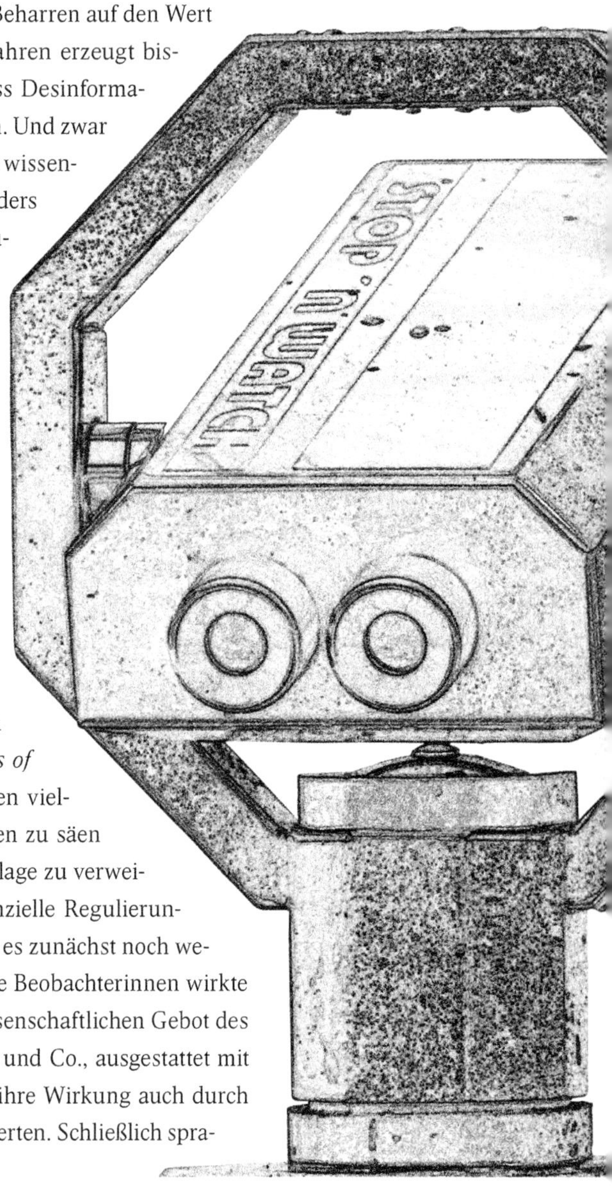

Eines der prominenten Beispiele dafür ist die Debatte um die krebserzeugende Wirkung des Rauchens. Die Strategie einiger mit der Tabakindustrie verbundener Wissenschaftler – es waren oft Physiker wie der berüchtigte Fred Singer – bestand in der Regel nämlich nicht einfach darin, bestimmte wissenschaftliche Erkenntnisse der Krebsforschung komplett zu leugnen. Wie Naomi Oreskes und Erik M. Conway in ihrem 2010 erschienenen Buch *Merchants of Doubt* gezeigt haben, bestand das Vorgehen vielmehr darin, Zweifel an bestehenden Studien zu säen oder auf eine vermeintlich unsichere Datenlage zu verweisen. Die damit verknüpfte Botschaft: Potenzielle Regulierungen durch die Politik seien unzulässig, weil es zunächst noch wesentlich mehr Forschung benötige. Für viele Beobachterinnen wirkte das alles völlig im Einklang mit dem urwissenschaftlichen Gebot des Zweifelns und Überprüfens. Zumal Singer und Co., ausgestattet mit der Autorität von Universitätsprofessuren, ihre Wirkung auch durch ihre akademischen Titel und Positionen sicherten. Schließlich sprachen hier Vertreter der Wissenschaft.

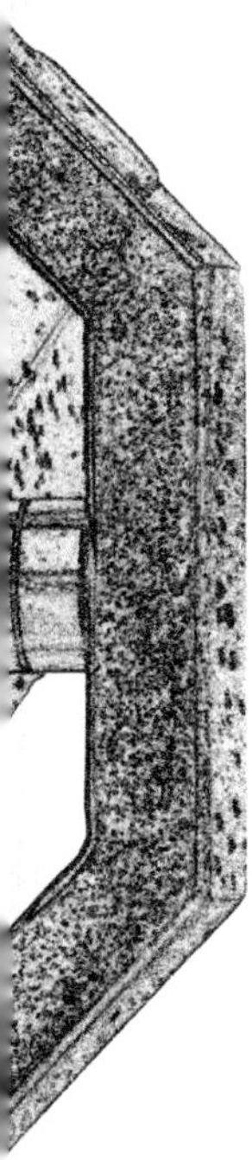

Ähnliches kennt man auch aus dem Bereich der »Klimaskeptiker« – oder eben aus der Corona-Debatte. Dass Wolfgang Wodarg mit seinen Thesen so viel Verbreitung fand, dürfte nicht zuletzt auch daran liegen, dass er Medizin studiert und eine internistische sowie pneumologische Facharztausbildung absolviert hat. Bei vielen Menschen kommt dadurch an: Hier spricht jemand mit der Autorität wissenschaftlicher Ausbildung.

Nach vergleichbarem Muster verwies Roger Köppel auf den schwedischen Epidemiologen Johan Giesecke. Der behauptete, die weltweit verhängten Corona-Maßnahmen würden am Ende keine Auswirkungen auf die relative Sterberate haben, da die Zahl der an Covid-19 Verstorbenen im Verhältnis zur Bevölkerung überall mehr oder weniger gleich sein werde. Und schließlich streute selbst das obskure Bündnis vom »Demokratischen Widerstand« in einem verschwörungstheoretischen Pamphlet Zitate von Wissenschaftlern, um den Eindruck zu erwecken, die Wissenschaft auf seiner Seite zu haben. Zitate wurden dabei mitunter sinnentstellend aus dem Zusammenhang gerissen.

Als rationale Reaktion auf all das könnte man nun betonen, dass Wodarg zwar ausgebildeter Mediziner, aber eben kein Epidemiologe und erst recht nicht in der Forschung tätig ist. Ebenso ließe sich darauf verweisen, dass Gieseckes Prognose hochgradig spekulativ ist – und Schweden seinen halben Corona-Sonderweg schon früh mit einer vergleichsweise hohen Todesrate bezahlte. Zudem könnte man immer wieder das Präventionsparadox erklären, also den Umstand, dass das Ausbleiben von noch mehr Toten gerade nicht gegen die Corona-Maßnahmen spricht, sondern vielmehr ihre Wirkung dokumentieren kann. Und schließlich ließen sich auch missbrauchte Zitate richtig einordnen.

Allein: Es bleibt das letztlich nicht vollständig aufzulösende Dilemma, dass ein »Hört auf die Wissenschaft!« paradoxerweise auch den Resonanzraum für publizistisches Geraune oder gar Desinformationskampagnen schaffen kann – weil Letztere oft eine (pseudo-)wissenschaftliche Autorität für ihre Belange in Anspruch nehmen.

3. FALSCHE SCHLÜSSE

Die Wissenschaft ist auch deshalb nicht einfach da, weil sie in gewisser Hinsicht immer gemacht und konstruiert ist. Und zwar in dem Sinne, dass sich erstens ihre Verfahren und Prozeduren historisch Stück für Stück herausbilden mussten. Und dass sich zweitens Forschung bis heute stets im Spannungsfeld veränderbarer ökonomischer, sozialer, kultureller und technischer Einflüsse bewegt. Tatsachen, bemerkte die Wissenschaftshistorikerin

Lorraine Daston, werden insofern immer erst geschaffen, als dass sie das Ergebnis geregelter Untersuchungen von Daten sind. Die Umstände und Rahmenbedingungen dieser Untersuchungen aber unterliegen einem historischen Wandel.

Nun gibt es heute Peer-Review-Verfahren und – zumindest in demokratischen Ländern – die grundrechtlich verankerte Freiheit der Forschung. Trotzdem ist Wissenschaft natürlich auch im 21. Jahrhundert auf bestimmte politische Rahmenbedingungen angewiesen, muss zunehmend finanzielle Drittmittel einwerben, teilweise reproduziert sie auch gesellschaftliche Verhältnisse, etwa in Form einer Unterrepräsentation von Frauen in Schlüsselpositionen.

Auch deshalb haben sich in den vergangenen Jahrzehnten unzählige Regalmeter an geistes- und sozialwissenschaftlicher Literatur angesammelt, die sich kritisch mit dem Komplex von Macht und Wissen auseinandersetzen. Exemplarisch mag dafür Michel Foucault stehen. In *Die Ordnung des Diskurses*, seiner 1970 gehaltenen Antrittsvorlesung am Collège de France, konstatierte der Philosoph, dass die »Produktion des Diskurses zugleich kontrolliert, selektiert, organisiert und kanalisiert wird – und zwar durch gewisse Prozeduren, deren Aufgabe es ist, die Kräfte und Gefahren des Diskurses zu bändigen, sein unberechenbar Ereignishaftes zu bannen«.

Einerseits ist diese Kontrolle des Diskurses im Kontext moderner Wissenschaft notwendig. Denn es muss differenziert werden, welche Aussagen in die Produktion von »Wahrheit« einfließen dürfen und sollen – und welche nicht. Dass in eine wissenschaftliche Beschreibung einer Pflanze etwa nicht ihre symbolischen oder mythischen Zuschreibungen eingehen sollten, erscheint uns heute selbstverständlich – den Menschen der Antike wäre es noch ganz anders gegangen. Anderseits vermag der Wille zur Wahrheit, diese in Foucaults Worten »gewaltige Ausschließungsmaschinerie«, aber eben auch Sprechakte auszuschließen, weil sie im Kontrast zu den herrschenden Regeln und Konventionen als »unsinnig«, tabuisiert oder gar »wahnsinnig« gelten. Für Foucault hieß das eben nicht, dass sie deshalb auch tatsächlich »unwahr« sein müssen – und das sind Sätze, die man heute, in einem anderen historischen Kontext, mit einiger Beklemmung liest:

Es ist immer möglich, dass man im Raum eines wilden Außen die Wahrheit sagt; aber im Wahren ist man nur, wenn man den Regeln einer diskursiven »Polizei« gehorcht, die man in jedem seiner Diskurse reaktivieren muss.
(Michel Foucault, Die Ordnung des Diskurses)

Foucault spielt hier auf die Mendelsche Vererbungslehre an, die von Botanikern im 19. Jahrhundert zunächst deshalb abgelehnt wurde, weil es für ihr Verständnis einen ganz neuen theoretischen Horizont, ganz andere Begriffe brauchte. »Mendel war ein wahres Monstrum, weshalb die Wissenschaft nicht von ihm sprechen konnte.« Spätestens hier wird es kompliziert. Denn einerseits lässt sich die Wissenschaft auch deshalb nicht mehr einfach in positivistischer Manier anrufen, weil man aus guten Gründen nicht mehr hinter die Diskursanalyse zurückkann und uns bewusst ist, dass Wissenschaft auf spezifische Weise in Macht-Wissen-Komplexe eingebunden ist. Um nur ein Beispiel zu nennen: Der Vorläufer des World Wide Web wurde von der Defense Advanced Research Projects Agency (Darpa) des US-Verteidigungsministeriums mitfinanziert. Aber anderseits darf man aus diesem Bewusstsein wiederum nicht die falschen Schlüsse ziehen. Denn so wenig wie die Darpa-Finanzierung für Verschwörungstheorien taugt, so wenig bedeutet diskursanalytische Wissenschaftskritik, dass es keine Wahrheit gäbe oder Wissenschaft am Ende »irgendwie immer relativ« wäre.

Das Problem ist nur: Wer heute die Foucaultsche Rede von »diskursiver Polizei« oder »Ausschließungsmaschinerie« liest, dem wird schnell bewusst, wie sehr diese zum Vokabular von Klimawandelleugnerinnen oder Corona-»Zweiflern« avanciert ist. Und wie sehr eine verkürzte und vulgäre Lesart der Diskursanalyse dieser Tage anschlussfähig für verschwörungstheoretische oder postfaktische Kampagnen geworden ist. Schließlich sehen sich diese ja auch in einem »Außen«, wo die eigentliche Wahrheit gesprochen wird, die aber durch eine herrschende Diskurskontrolle stumm gestellt werden soll. Dafür kann man Foucault und seine Nachfolgerinnen selbstverständlich nicht direkt verantwortlich machen. Man kann diesen Umstand aber auch nicht einfach vom Tisch wischen.

Einer, der dieses Problem sehr genau erkannt hat, ist der Wissenschaftssoziologe Bruno Latour. Als Vertreter der sogenannten Science Studies hat Latour selbst immer wieder den sozial-konstruktivistischen Charakter von Wissenschaft betont. In seinem 2007 erschienenen Essay »Elend der Kritik« merkte er durchaus selbstkritisch an:

Natürlich sind Verschwörungstheorien absurde Entstellungen unserer eigenen Argumentation, aber das ändert nichts daran, dass diese Waffen die unseren sind, auch wenn sie über unklar gezogene Grenzen geschmuggelt wurden und der falschen Partei in die Hände gerieten. Trotz aller Desinformation ist unser Warenzeichen wie in Stahl geprägt noch immer leicht zu erkennen: Made in Criticalland.
(Bruno Latour, Elend der Kritik)

Wie einen Weg finden, weder den einen noch den anderen Fehler zu machen, wenn man sich auf wissenschaftliche Erkenntnisse beruft? Also weder in einen vulgären, für Verschwörungstheorien anschlussfähigen Radikalkonstruktivismus zu verfallen, für den »alles relativ« ist; noch zurück in einen plumpen Positivismus zu kippen, der den sozialkonstruktiven Charakter von Wissenschaft völlig verkennt? Latours Vorschlag besteht darin, den diskursanalytischen Blick auf wissenschaftliche Erkenntnisse beizubehalten, aber gewissermaßen seine Richtung umzukehren. Das heißt: Wenn man beispielsweise beleuchtet, in welche ökonomischen, kulturellen, technischen Verhältnisse eine Studie eingesponnen ist, dann soll dies nicht mehr als Subtraktion geschehen – bei der man so lange alles »Konstruierte« abzieht, bis am Ende nur nackter Relativismus übrig bleibt. Stattdessen müsse es darum gehen, eine Addition zu vollziehen, das heißt Wissenschaftskritik als Versammlung verschiedener institutioneller Rahmenbedingungen, technischer Instrumente oder kultureller Implikationen zu begreifen.

Ganz konkret bedeutet das Folgendes: In öffentlichen Debatten käme es nicht einfach nur darauf an, was die Wissenschaft sagt, sondern viel stärker auch darauf, wie und vor allem warum sie es tut. Dabei ginge es nicht um relativistische Denunziation, sondern um Transparenz. Was es dafür braucht:

- Wissenschaftler, die willens und fähig sind, ihre Forschung zu erklären, so wie es Charité-Virologe Christian Drosten in seinem Podcast fast idealtypisch vorführt;
- einen hochwertigen Wissenschaftsjournalismus;
- ein ausreichend großes und interessiertes Publikum;
- und schließlich eine Art Latour'scher Wissenschaftskritikerin, die sich, wie Latour selbst, ihrer eigenen ambivalenten Position bewusst ist.

Für eine demokratische Öffentlichkeit ist das, zugegeben, eine ziemliche Herausforderung. Aber eine lohnenswerte.

Nils Markwardt, geb. 1986, studierte Literatur- und Sozialwissenschaft an der Humboldt-Universität zu Berlin. Er ist leitender Redakteur des Philosophie Magazin.

LEHRMEISTERIN DES LEBENS?

GESCHICHTSWISSENSCHAFT ALS POLITISCHE KRAFT

Ξ Jürgen Kocka

Können Historiker als Kenner der Geschichte den heute handelnden Politikern gute Ratschläge geben und sich mit ihrem Wissen von der Vergangenheit nutzbringend in öffentliche Diskurse der Gegenwart einbringen? Das hängt davon ab, ob man aus der Geschichte lernen kann, und diesbezüglich ist bekanntlich größte Skepsis angebracht.

Auf jeden Fall ist festzustellen, dass sich Historiker schon im 19. Jahrhundert, als der deutsche Nationalstaat letztlich mit Gewalt zusammengefügt wurde, immer wieder wirkungsvoll in die Politik einmischten. Das taten sie auch, jetzt oft mit kritisch-progressiver Stoßrichtung, in der alten Bundesrepublik, als die Sozialgeschichte boomte und im Land dringend und kontrovers nach einem aufgeklärten und ehrlichen Verhältnis zur belastenden Vergangenheit gesucht wurde. Historiker und Historikerinnen waren damit erfolgreich. Historische Forschung und Darstellung, öffentlich vermittelt, haben maßgeblich zu einem kritisch-selbstkritischen Verständnis der Geschichte beigetragen, das der zunehmend demokratischen Kultur der Bundesrepublik angemessen war und diese stärkte – was sich nicht zuletzt in der westdeutschen Überlegenheit über die ostdeutsche Konkurrenzgesellschaft in den späten 1980er Jahren zeigte.

Vieles davon lebt heute weiter. Aber mittlerweile stehen neue Herausforderungen auf der Tagesordnung, mit denen Historiker und Historikerinnen umgehen müssen – und können. Richtig verstanden, gehört politisches Engagement immer zu den Aufgaben der Geschichtswissenschaft in einer Demokratie. Aber es muss in wissenschaftsangemessener Form praktiziert werden, und es dient heute – auch – anderen Funktionen als früher. Aber der Reihe nach.

1.

Nicht nur Hegel war fest davon überzeugt, dass Gesellschaft und Politik nichts aus der Geschichte lernen können. »Was die Erfahrung aber und die Geschichte lehren, ist dieses, dass Völker und Regierungen niemals etwas aus der Geschichte gelernt und nach Lehren, die aus derselben zu ziehen gewesen wären, gehandelt haben. Jede Zeit hat so eigentümliche Umstände, ist ein so individueller Zustand, dass in ihm aus ihm selbst entschieden werden muss und allein entschieden werden kann.«[1]

1 Georg Wilhelm Friedrich Hegel, Vorlesungen über die Philosophie der Geschichte (1837), Frankfurt a.M. 1986, S. 17.

Heutige Geschichtstheoretiker können näher begründen, warum das so ist. Seit Renaissance und Aufklärung glauben wir zu wissen, dass sich, jedenfalls in der durch stetigen, raschen und sich beschleunigenden Wandel gekennzeichneten Moderne, die Gegenwart zwar aus der Vergangenheit heraus entwickelt hat, aber grundsätzlich von der Vergangenheit unterscheidet, so wie sich auch die Zukunft von der Gegenwart unterscheiden wird. Reinhart Koselleck hat als zentral für modernes (westliches) Geschichtsdenken die Überzeugung von einer Disjunktion zwischen dem Raum der Erfahrung und dem Horizont der Erwartung beschrieben, in anderen Worten: die Gewissheit, dass konstitutive Differenzen zwischen Vergangenheit, Gegenwart und Zukunft existierten, so sehr diese auch zugleich in einem Verhältnis der Kontinuität zueinander stünden.

Weil dem so sei, könne man nicht hoffen, sich durch die Rekonstruktion von Problemen und Problemlösungen der Vergangenheit auf kluges Handeln in Gegenwart und Zukunft vorzubereiten. Denn Geschichte wiederhole sich nicht. Die Probleme der Gegenwart und Zukunft seien jeweils andere und erforderten neue Lösungen, die auch nicht durch noch so genaues Studium der Vergangenheit erlernt werden könnten. Die Geschichte als Lehrmeisterin des Lebens? Historiker als kompetente Berater der Politiker bei der Suche nach tragfähigen Entscheidungen im Gedränge heutiger Probleme? Jedenfalls in einem direkten Sinn gilt dies nicht.[2]

Doch ist dies nicht das letzte Wort. Die Hoffnung, dass man trotz allem aus der Geschichte für Gegenwart und Zukunft lernen könne, ist weiterhin sehr verbreitet. Entsprechende Stellungnahmen finden sich selbst bei herausragenden, auch theoretisch versierten Vertretern des Fachs, zum Beispiel bei Marc Bloch, bei Jacob Burckhardt und auch dem schon erwähnten Reinhart Koselleck.

So erging sich Marc Bloch, nachdem deutsche Truppen im »Blitzkrieg« von 1940 Frankreich überrannt und besetzt hatten, in leidenschaftlicher Selbstkritik und verurteilte seine eigene Generation dafür, dass sie es versäumt habe, das Land rechtzeitig zu warnen und auf einen möglichen Angriff vorzubereiten. Als er sich 1941 der *Résistance* gegen die nationalsozialistische Besetzung anschloss, klagte er: »Inmitten einer schrecklichen Tragödie, in die unser eigener Irrsinn uns gestürzt hat, gelingt es uns kaum, uns selbst zu verstehen. Vor allem aber möchten wir unser Schicksal voraussehen und es vielleicht ein wenig bestimmen. In dieser Verwirrung und mit diesem Durst zu wissen oder zu erraten, wenden wir uns der Vergangenheit zu. Und eine alte Neigung lässt uns hoffen, dass sie – bei angemessener Befragung – in der Lage sein wird, uns die Geheimnisse der Gegenwart zu liefern und die

2 Die Denkfigur »Historia Magistra Vitae« (Cicero) entstammt dem antiken Denken über Geschichte, für das jene moderne Überzeugung von der qualitativen Differenz zwischen Vergangenheit, Gegenwart und Zukunft noch nicht konstitutiv war. Vgl. auch Reinhart Koselleck, Historia Magistra Vitae. Über die Auflösung des Topos im Horizont neuzeitlich bewegter Geschichte, in: Ders., Vergangene Zukunft. Zur Semantik geschichtlicher Zeiten, Frankfurt a. M. 1979, S. 38–66; Jürgen Kocka, Historians and the Future. The Wittrock Lecture Book Series No.1, Uppsala 2020 (auch zum Folgenden).

der Zukunft – ein wenig – zu lüften.«[3] Im Kern war er offenbar davon überzeugt, dass man auf der Basis von historischer Kenntnis und Reflexion Regelmäßigkeiten – natürlich nur mit Gültigkeit innerhalb begrenzter Zeiten und Räume – aufdecken könne, die ein Minimum an Orientierung in einer verwirrenden und bedrückenden Gegenwart erlauben würden.

Reinhart Koselleck wiederum reflektierte und schrieb zwar einerseits eindringlich darüber, warum Geschichte angesichts der prinzipiellen Disjunktion zwischen Erfahrungsraum und Erwartungshorizont in der Moderne nicht mehr die Lehrmeisterin des Lebens im antiken Sinn sei.[4] Umso bemerkenswerter ist, dass er im letzten Jahrzehnt seines Lebens andererseits die Existenz von *Wiederholungsstrukturen* in der Geschichte betonte, die seinem Urteil nach begrenzte Voraussagen auf der Grundlage historischen Wissens und somit eine Form des Lernens aus Geschichte für Gegenwart und Zukunft erlaubten.[5]

Schließlich sei noch an den bekannten Ausspruch des Schweizer Kulturhistorikers Jacob Burckhardt von 1868 erinnert. Er versuchte, die Rolle von Geschichte als Lehrmeisterin des Lebens in einer, wie er schrieb, zugleich höheren und bescheideneren Weise zu deuten: »Wir wollen durch Erfahrung nicht sowohl klug (für ein andermal) als weise (für immer) werden.«[6]

2.

Jetzt geht es nicht darum, die Aussagen der genannten Autoren im Hinblick auf ihre Werke auszudeuten. Vielmehr werden sie hier als Hinweise darauf herangezogen, dass trotz der Tatsache, dass sich Geschichte nicht wiederholt und man deshalb aus ihr nicht direkt oder linear für Gegenwart und Zukunft lernen kann, historisches Wissen und historisches Denken Potenziale bereithalten, Orientierung in der Gegenwart zu erleichtern. Durch die Erfassung intertemporaler Zusammenhänge und Wandlungsprozesse in Kategorien des Vorher und Nachher, durch den Vergleich und die Verknüpfung von Perioden und Wirklichkeitssektoren erlauben sie, Wahrscheinlichkeitsaussagen mit räumlich und zeitlich begrenztem Gültigkeitsanspruch zu formulieren und gegenwärtig drängende Probleme durch Kontextualisierung und Historisierung besser einzuordnen, dies nicht nur mit Blick auf ihre Herkunft und Entstehung, sondern auch im Hinblick auf ihre Wandelbarkeit und die Zukunftsmöglichkeiten, die ihnen eigen sein mögen. Auf solch indirekte Weisen hat Geschichte durchaus das Zeug, als eine von mehreren Lehrmeistern und Lehrmeisterinnen des Lebens zu dienen.

Zwar kommt es vor, dass spezialisiertes historisches Expertenwissen zur Lösung drängender spezifischer Einzelprobleme abgerufen und verwendet

3 Zitiert nach Peter Schöttler, Marc Bloch, die Lehren der Geschichte und die Möglichkeit historischer Prognosen, in: Österreichische Zeitschrift für Geschichtswissenschaft, Jg. 16 (2005), H. 2, S. 104–125, hier S. 118.

4 Vgl. Reinhard Kosselleck, Vergangene Zukunft.

5 Vgl. ders., Wiederholungsstrukturen in Sprache und Geschichte, in: Saeculum: Jahrbuch für Universalgeschichte, Jg. 57 (2006), H. 1, S. 1–16.

6 Jacob Burckhardt, Weltgeschichtliche Betrachtungen, hg. v. Rudolf Marx, Stuttgart 1978, S. 10.

wird. So diente der fachmännische Vergleich mit der Finanz- und Wirtschaftskrise der frühen 1930er Jahre in der internationalen Finanzkrise von 2008 den historisch informierten und sich historisch informierenden Akteuren in Washington und in den Regierungen anderen betroffener Länder zur frühzeitigen Orientierung und zur Entwicklung angemessener Abwehrstrategien, vor allem in Form massiver Interventionen mit öffentlichem Geld zur Rettung von Banken und anderen privatwirtschaftlicher Großunternehmen, die als *too big to fail* eingeschätzt wurden. Das war eine mithilfe von wirtschaftshistorischem Wissen entwickelte Strategie, die eine tiefe und sich sektoral ausbreitende Langzeitkrise von der Art der 1930er Jahre erfolgreich verhinderte, aber – in Form riesiger öffentlicher Schuldenberge – zu neuen, nicht-intendierten Krisenbedrohungen führte.[7]

Jedoch spielen Historiker und Historikerinnen nicht als Experten für die Lösung solch einzelner spezifischer Probleme in der Politikberatung oder im öffentlichen politischen Diskurs der Gegenwart ihre wichtigste Rolle. Bedeutend sind sie vielmehr einerseits als anregende, informierende und Ideen einbringende Gesprächspartner, die Handlungsziele abwägen und relationieren, Spielräume denkbarer Handlungsmöglichkeiten vergrößern und gängige Sichtweisen kritisch hinterfragen können. Andererseits vermögen sie als Beeinflusser sich verbreitender Überzeugungen und kollektiver Selbstverständnisse unterschiedlicher historischer Einheiten wie Akteursgruppen, sozialer Bewegungen, ganzer Gesellschaften oder Kulturen zu fungieren. Und nicht zuletzt treten sie als Anbieter oder Kritiker von Zusammenhangserkenntnissen auf, innerhalb derer dringende Einzelprobleme anders aussehen, schärfer profiliert sind und vielleicht eher politisch gestaltbar werden, auch durch die Erleichterung von Verständigung über Polarisierungen und Blockaden hinweg. Historisches Wissen und Denken ist insofern politisch relevant.

Zu verschiedenen Zeiten, in verschiedenen Konstellationen wurde und wird dieses politische Potenzial historischen Wissens und Denkens sehr verschiedenartig eingelöst – unterschiedlich beeinflusst von außerwissenschaftlichen Präferenzen der Wissenschaftler und Wissenschaftlerinnen sowie von den Umständen, unter denen sie leben und arbeiten. Ich beschränke mich auf Skizzen von zwei historischen Stationen und einen Blick auf die Gegenwart.

3.

Seit dem frühen 19. Jahrhundert, als sich die Geschichtswissenschaft als spezialisierte und professionalisierte Fachwissenschaft in Europa herauszubilden begann, lässt sich eine zunehmend stabile Allianz zwischen Geschichtswissenschaft und Nationsbildung beobachten. Der Aufstieg der

7 Siehe Ben S. Bernanke, The Courage to Act. A Memoir of a Crisis and Its Aftermath, New York 2015. Bernanke war in der Krise von 2008 als Präsident des US-amerikanischen Federal Reserve Board einer der entscheidenden Krisenmanager; er hatte sich als Wirtschaftshistoriker mit der »Great Depression« der 30er Jahre beschäftigt. Vgl. Jürgen Kocka, Learning from History and the Recent Crisis of Capitalism, in: Storia della Storiografia, Jg. 61 (2012), H. 1, S. 103–109.

Geschichtswissenschaft als archivgestützte Forschung und universitäre Disziplin, als Fach (bald als Massenfach) in den Schulen, als Auftrag von Geschichtsvereinen und als Inhalt von Erinnerungsorten (Denkmälern!), als Anknüpfungspunkt und Medium gebildeter Konversationen wie auch als Macht im öffentlichen Meinungskampf um kulturelle und politische Belange – dieser Aufstieg der Geschichtswissenschaft im 19. Jahrhundert in all diesen Hinsichten wurde durch politische Instanzen unterstützt. Er wurde gefördert durch die Regierenden, Repräsentanten und Beamten der sich kraftvoll entfaltenden Territorial- und Nationalstaaten ebenso wie durch die öffentliche Meinung, deren Träger sich zunehmend für die Geschichte des jeweiligen Gemeinwesens interessierten, weil sie wissen und verbreiten wollten, woher das Gemeinwesen kam, was es zusammenhielt und wohin es sich vermutlich entwickelte.

Tatsächlich interpretierten viele Historiker – und bemerkenswerterweise gerade die progressiven und liberalen unter ihnen – die Beziehungen zwischen Vergangenheit, Gegenwart und Zukunft zunehmend so, dass sie solchen national-identitären Erkenntnisinteressen entsprachen. Durch ihre Studien, auch und gerade wenn und weil sie wissenschaftlich fundiert waren, trugen sie zur Herausbildung, Bekräftigung und manchmal auch zur Kritik – jedenfalls zur Vertiefung und Klärung – nationaler Identitäten bei.

Die methodischen Prinzipien des Faches, die in der Zeit Leopold von Rankes und Johann Gustav Droysens, Thomas Carlyles und Jules Michelets – also etwa gleichzeitig mit den Fortschritten der inneren Nationsbildung – standardisiert und kodifiziert wurden, prädestinierten die Historiker zur Wahrnehmung solcher identitätsbezogener Funktionen in einer sehr grundsätzlichen Art und Weise. Beispielsweise lernten die Historiker, ihre Forschung auf Primärquellen aufzubauen, die sie in *Archiven* fanden, welche meistens von staatlicher Seite organisiert wurden und primär staatliche oder staatsbezogene Handlungen, Prozesse und Befunde dokumentierten. Methodisch galt, dass Historiker *Texte* vor anderen Quellen privilegierten. Das machte Sprachkenntnis unabdingbar, limitierte zwar die Reichweite historischer Forschung, verstärkte aber ihre Affinität zum nationalsprachlichen Kontext, soweit er bestand.

Historische Forschungen und Darstellungen zielten meist auf *raum- und zeitspezifische* Beschreibungen, Erklärungen und Interpretationen, nicht dagegen auf jenen Typus breiter Generalisierungen, die in manchen Naturwissenschaften und einigen allmählich entstehenden Sozialwissenschaften praktiziert wurden. In der Geschichtswissenschaft ging es primär um *Differenzen* in zeitlicher und räumlicher Hinsicht. Eben dies machte sie so faszinierend und brauchbar, um eigene kollektive Identität im Unterschied zu anderen Identitäten zu thematisieren, also etwa das Spezifische der eigenen Nation relativ zu anderen.

Diese Hinweise mögen genügen, um zu verdeutlichen, dass im Zeitalter der aufsteigenden und sich dominant etablierenden Nationalstaaten – im Westen im 19. und frühen 20. Jahrhundert – trotz vieler Ausnahmen und mancher gegenläufiger Tendenzen, die jetzt nicht zu behandeln sind, die methodischen Orientierungen und die öffentlichen Funktionen der Geschichtswissenschaft nicht nur miteinander harmonierten, sondern sich auch gegenseitig verstärkten. Das hat die Geschichtswissenschaft zutiefst geprägt, mit Wirkung bis heute. Und es hat sie zugleich zu einer gewichtigen politischen Macht werden lassen.

Kurzum: In einer intellektuell-kulturellen Konstellation, in der Kulturfragen für den Zusammenhalt und die Macht von Nationalstaaten eminent bedeutsam waren, erlangten Historiker als Lehrer in Universitäten und Schulen, als Autoren und Publizisten, viele auch als öffentliche Intellektuelle, Festredner und zivilgesellschaftliche Akteure, die das oben skizzierte politische Potenzial historischen Wissens und Denkens für nationale Anliegen einsetzten und sich oft in der einen oder anderen Weise für ihr Vaterland engagierten, eine erhebliche politische Bedeutung – und zwar als Historiker, nicht nur als Bürger, trotz ausgeprägter Unterschiede zwischen ihnen im Übrigen, was ihre politischen, religiösen und kulturellen Präferenzen betraf.[8]

4.

Formal ähnlich, aber inhaltlich anders stellt sich die Verbindung von fachwissenschaftlicher Orientierung und politischem Engagement in den 1960er, 1970er und 1980er Jahren des letzten Jahrhunderts dar, als international, aber auch in der Bundesrepublik die mittlerweile fest etablierte Disziplin der Historiker durch den Aufstieg der Sozialgeschichte herausgefordert wurde, ein Erfolg, der sich oft eng mit Kritik an überkommenen politischen Verhältnissen und Forderungen nach durchgreifender gesellschaftlicher Reform verband.

Die Sozialgeschichte verstand sich nicht selten als »Oppositionswissenschaft«. Sie definierte sich durch die Absetzung von Traditionen des Faches, die sie als dominant wahrnahm und kritisierte. Im Grunde war sie ein relationales Phänomen. Doch sie beanspruchte, das Fach zu verändern, sei es durch grundlegende Ergänzungen, sei es durch alternative Betrachtungsweisen.

Sozialhistoriker plädierten für eine intensive Behandlung von Strukturen und Prozessen statt primär von historischen Ereignissen, Aktionen und Akteuren. Sie lenkten den Blick auf die gesellschaftlichen Entwicklungen,

8 Siehe Stefan Berger u. Christoph Conrad, The Past as History. National Identity and Historical Consciousness in Modern Europe, New York 2015.

besonders auf gesellschaftliche Ungleichheiten, Spannungen und Konflikte, statt primär auf staatliche Politik. Sie beschäftigten sich mit gesellschaftlichen Phänomenen als einem besonders interessierenden Untersuchungsbereich wie auch als einem Perspektiven eröffnenden Zentrum, von dem her die allgemeine Geschichte umgreifend als Gesellschaftsgeschichte interpretiert werden sollte.

Sozialhistoriker praktizierten oft fachübergreifende Ansätze, besonders in Kooperation mit historisch orientierten Soziologen und oft in engster Verbindung mit der Wirtschaftsgeschichte. Viele von ihnen bevorzugten analytische Herangehensweisen – explizite Begriffe, Hypothesen, Vergleiche, kausalanalytische Argumentationen, bisweilen auch quantifizierende Verfahren – und das Experimentieren mit sozialwissenschaftlichen Theorien (oft in marxistischer oder/und weberianischer Tradition), statt sich auf hermeneutische Zugriffe und erzählende Darstellungsformen zu beschränken.

»Historische Sozialwissenschaft« diente bisweilen als Selbstbezeichnung. Je reifer sie wurde, desto breiter wurde das Spektrum der Themen entfaltet, die in der Sozialgeschichte bearbeitet wurden. Aber die Geschichte der Arbeiter, der Arbeitsverhältnisse, der Arbeiterkultur und der Arbeiterbewegungen war und blieb lange ein zentrales Thema, ein Kerngebiet der Sozialgeschichte. Das Interesse für die »kleinen Leute«, Männer und Frauen, ihre Arbeits- und Lebensverhältnisse, ihre Familien, Organisationen und – später – ihre Alltagserfahrungen prägte die Sozialgeschichte auch dann noch, als sie sich durch intensive innere Konflikte hindurch weiterentwickelt, verfeinert, ausdifferenziert, geschlechtergeschichtlich angereichert und immer öfter mit kulturgeschichtlichen wie mit kulturanthropologischen Zugriffen verbunden hatte. Diese Beschäftigung mit der breiten Basis der Gesellschaftspyramide – und mit Minderheiten – ging oft Hand in Hand mit einem besonderen Interesse an sozialer Ungleichheit, sozialen Protesten, gesellschaftlich-kulturellen Alternativvorstellungen, Konflikten und den darin möglicherweise vorhandenen Veränderungspotenzialen der untersuchten Gesellschaften.[9]

Soweit sie an Fragen der Historik, d.h. der Theorie der Geschichte, interessiert waren, lag es Sozialhistorikern nahe, die Verortung der Geschichtswissenschaft in ihrer aufklärerischen Tradition zu betonen. Dies hieß, sie als eine gesellschaftlich-kulturelle Praxis zu begreifen, die zur Aufklärung ihrer Zeit in der Lage, wenn nicht gar verpflichtet war, nicht zuletzt durch Kritik an gängigen Vorurteilen, verbreiteten Mythen und tradierten Zwängen sowie durch die Aufdeckung (noch) nicht realisierter gesellschaftlicher Möglichkeiten in emanzipatorischer Absicht. Hier schlug der traditionskritische und reformbegierige Zeitgeist der 1960er und 1970er Jahre voll durch: Die Kritik

9 Vgl. Jürgen Kocka (Hg.), Sozialgeschichte im internationalen Überblick. Ergebnisse und Tendenzen der Forschung, Darmstadt 1989.

an den reformbedürftigen Traditionen der eigenen Disziplin ging über in die Kritik an den reformbedürftigen Verhältnissen in Gesellschaft und Politik.[10]

Dies war ein internationales, auch in anderen (vor allem westlichen) Ländern beobachtetes Phänomen. Doch in Deutschland – jedenfalls in seinem westlichen Teil – erfuhr diese Verknüpfung von innerwissenschaftlicher und gesamtgesellschaftlich-politischer Kritik eine besondere Zuspitzung: als Auseinandersetzung um ein offeneres, ehrlicheres Verhältnis und Verhalten gegenüber der nationalsozialistischen Vorgeschichte des Landes, die bis dahin nur sehr unvollkommen aufgearbeitet worden war. Daran wird klar, wie bruchlos wissenschaftliches Erkenntnisstreben in politisches Engagement übergehen konnte, ja musste – diesmal nicht primär wie im 19. Jahrhundert im Dienst an Größe und Kraft des Vaterlands, sondern im Zeichen einer umfassend verstandenen Kritik.[11]

Es gab vieles, was in dieses hier leicht vereinfacht gezeichnete Bild nicht ganz passt, zum Beispiel die unbestreitbare Tatsache, dass Historiker wie Werner Conze hervorragende Sozialgeschichte betrieben, aber weit von jeder linken politischen Position entfernt blieben; oder dass es Beispiele entschiedenen und extremen politischen Engagements auch auf der Linken gab, die wissenschaftlichen Prinzipien des kritischen Diskurses, der Wahrheitsfindung und der Abwägungsbereitschaft diametral widersprachen. Wissenschaftliche Produktivität und politisches Engagement gingen nicht immer harmonisch zusammen. Politische Radikalität konnte wissenschaftliche Rationalität beschädigen.

Reformpolitisches Engagement zeigte sich überdies in sehr unterschiedlicher Weise: als Teilnahme an öffentlichen Debatten, als publizistische Intervention, als parteipolitische Aktivität, als Mitarbeit in einer der vielen hochschulpolitischen Organisationen oder auch nur im Vorwort und in den Kategorien der Dissertation, deren gründliche Bearbeitung vielleicht durch den zugleich traditionskritischen wie modernisierungsoptimistischen Geist der Zeit mitmotiviert und vorangetrieben worden war. Aber wenn man die Bilanz der langen 1960er Jahre zieht, dann ist für die hier ins Auge gefasste Minderheit von Historikern mit sozialhistorischer Orientierung vor allem dies hervorzuheben: Innerwissenschaftliches Neuerungsstreben und politisches Reformengagement, wissenschaftliche Produktivität und politische Arbeit gingen oft Hand in Hand und konnten sich gegenseitig verstärken.[12]

5.

Seitdem hat sich vieles verändert. Die Sozialgeschichte ist zwar erfolgreich in die geschichtswissenschaftliche Forschung im Allgemeinen eingedrungen und hat sie zum Besseren verändert, aber sie ist nicht mehr die oppositionelle

10 Eine entsprechende Sicht der Geschichte wird ausgeführt bei: Jörn Rüsen, Historik. Theorie der Geschichtswissenschaft, Köln 2013; Jürgen Kocka, Geschichte – wozu?, in: Wolfgang Hardtwig (Hg.), Über das Studium der Geschichte, München 1990, S. 427–443.

11 Vgl. Norbert Frei u. Sybille Steinbacher, Beschweigen und Bekennen. Die deutsche Nachkriegsgesellschaft und der Holocaust, Göttingen 2001.

12 Als prägender Erfahrungshintergrund der hier vertretenen Sicht auf die Sozialgeschichte jener Jahrzehnte ist die Bielefelder Fakultät für Geschichte zu nennen, der ich 1973–1988 angehörte. Dazu: »Ein hohes Maß an Experimentierbereitschaft«. Die Bielefelder Schule und die günstige Gelegenheit der siebziger Jahre. Interview mit Jürgen Kocka, in: Indes. Zeitschrift für Politik und Gesellschaft, Jg. 3 (2014), H. 3, S. 95–108.

Alternative zu einem sozialhistorisch unterentwickelten *mainstream* des Faches, die sie einstmals war. Manche ältere Frontstellung ist verblasst. So ist es – auch aufgrund der bohrenden Beiträge vieler Historiker – gelungen, ein relativ offenes, ehrliches und selbstkritisches Verhältnis zu den dunkelsten Phasen der deutschen Geschichte zu gewinnen und damit die politische Kultur der Bundesrepublik zu prägen.

Die historische Profession ist gegenwärtig viel weniger zerklüftet und in Lager gespalten als noch vor wenigen Jahrzehnten. Heute werden Deutschland und die Welt zudem von anderen Großproblemen herausgefordert, als es in jenen Jahrzehnten der deutschen Zweistaatlichkeit, des Kalten Krieges und der noch nahen Nachwirkungen der europäischen Diktaturen, Weltkriege und Katastrophen der ersten Jahrhunderthälfte der Fall war. Die Globalisierung der Lebensverhältnisse ist weit vorangeschritten.

Wissenschaftler sind heute viel eindeutiger als politische Kraft etabliert als früher und als Akteure im politischen Feld oft unmittelbar tätig. Das wirft immer dann erhebliche Probleme auf, wenn dabei die Differenz zwischen der Logik der Wissenschaft und der Logik der Politik nicht respektiert wird. Aber die Auseinandersetzungen um das richtige Verhältnis von Expertentum und Demokratie, von Wissenschaft und Politik entzünden sich heute eher an der gesellschaftlichen Rolle und den politischen Interventionen von Virologen und Epidemiologinnen, von Klimaforschern und Umweltwissenschaftlerinnen als an den Äußerungen von Historikern.

Doch das politische Potenzial historischen Wissens und Denkens ist weiterhin stark und lebendig. Der Bedarf an historischer Kritik, an kollektiver Selbstvergewisserung durch historische Reflexion und Erinnerung, an historisch generiertem Möglichkeitsbewusstsein und an Gegenwartsanalysen aus geschichtswissenschaftlicher Perspektive ist weiterhin manifest. Historiker und Historikerinnen mischen sich ein und bringen ihr Wissen zur Geltung: in den weiterhin kontroversen öffentlichen Debatten um die Folgen und die Deutung der deutschen Diktaturen[13]; in den neu aufgeflammten Auseinandersetzungen um die koloniale Vergangenheit des Westens; in den vielfältigen Diskursen über angemessene Strategien im Umgang mit zunehmender Ungleichheit und Krisenhaftigkeit im globalisierten Kapitalismus; in der intellektuellen und praktischen Suche nach einer Neu-Justierung des Verhältnisses von Zivilisation und Natur im Zeitalter des Anthropozäns.

Auch gibt es ganz neue Herausforderungen. Wenn einerseits aufgrund verstärkter Moralisierung der öffentlichen Diskussionen der Argumentationsfreiheit neue Gefahren durch neue Tabus und Überkorrektheit drohen, sind auch Historiker und Historikerinnen gefordert, für Klarheit, Offenheit und

13 Dazu gehört zuletzt die öffentliche Kontroverse um die Restitutionsansprüche des Hauses Hohenzollern, an der sich Historiker vielstimmig beteiligen. Vgl. Eva Schlotheuber u. Eckart Conze, Die Ehre der Familie, in: Frankfurter Allgemeine Zeitung, 08.09.2020.

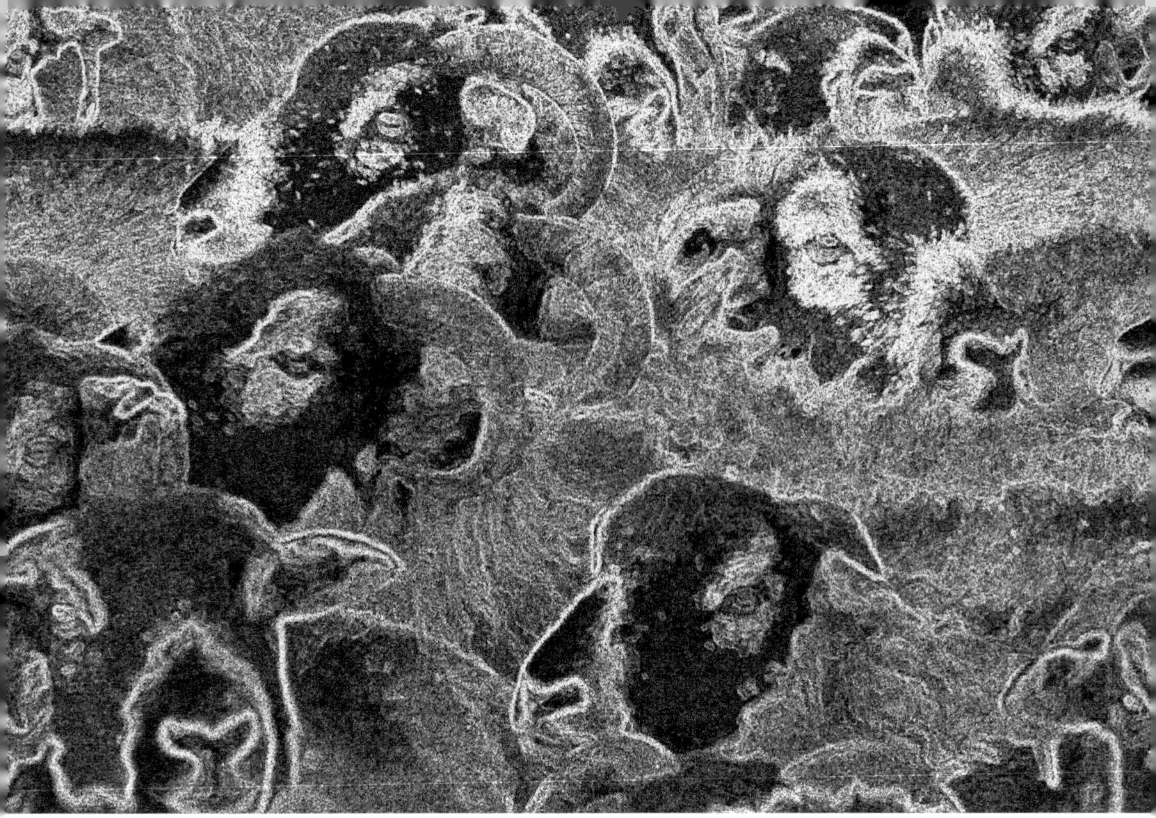

Nüchternheit der Analyse zu sorgen, selbst wenn sie Anstoß erregen. Und andererseits gehört es angesichts der heiß laufenden Emotionalisierung, Zuspitzung und Fragmentierung des öffentlichen Raums unter dem Einfluss neuer Medien, schriller Selbstdarstellungsformen und populistischer Politik zur Verantwortung der Wissenschaften, Möglichkeiten der Distanzierung zu verstärken, für die nötige Differenzierung zu sorgen und rationales Abwägen im Umgang mit Komplexität zu fördern.

Die Argumentationskultur der Historiker gewinnt dabei besondere Relevanz, denn sie sind darauf trainiert, Grautönen zur Geltung zu verhelfen, zu kontextualisieren, Ambivalenzen ernst zu nehmen, Augenmaß zu bewahren und damit die Chance von Kompromissbildung zu erhöhen, ohne die Demokratie nicht funktionieren kann.

Prof. Dr. Jürgen Kocka, geb. 1941, studierte Geschichte und Politikwissenschaft in Marburg, Wien, Berlin und Chapel Hill. Er lehrte Sozialgeschichte und Geschichte der Industriellen Welt in Bielefeld und an der FU Berlin. Er war Präsident des Wissenschaftszentrums Berlin für Sozialforschung und hat, u.a. als Mitglied des Wissenschaftsrats und der Wissenschaftsakademie Leopoldina, oft an wissenschaftlicher Gesellschaft- und Politikberatung teilgenommen. Er hat sich als Historiker in öffentlichen Kontroversen, beispielsweise im sogenannten »Historikerstreit« (1986) um den Ort des Holocaust in der deutschen Geschichte, engagiert. Derzeit ist er Fellow des Kollegs »Arbeit und Lebenslauf in der Globalgeschichte«, Humboldt Universität zu Berlin.

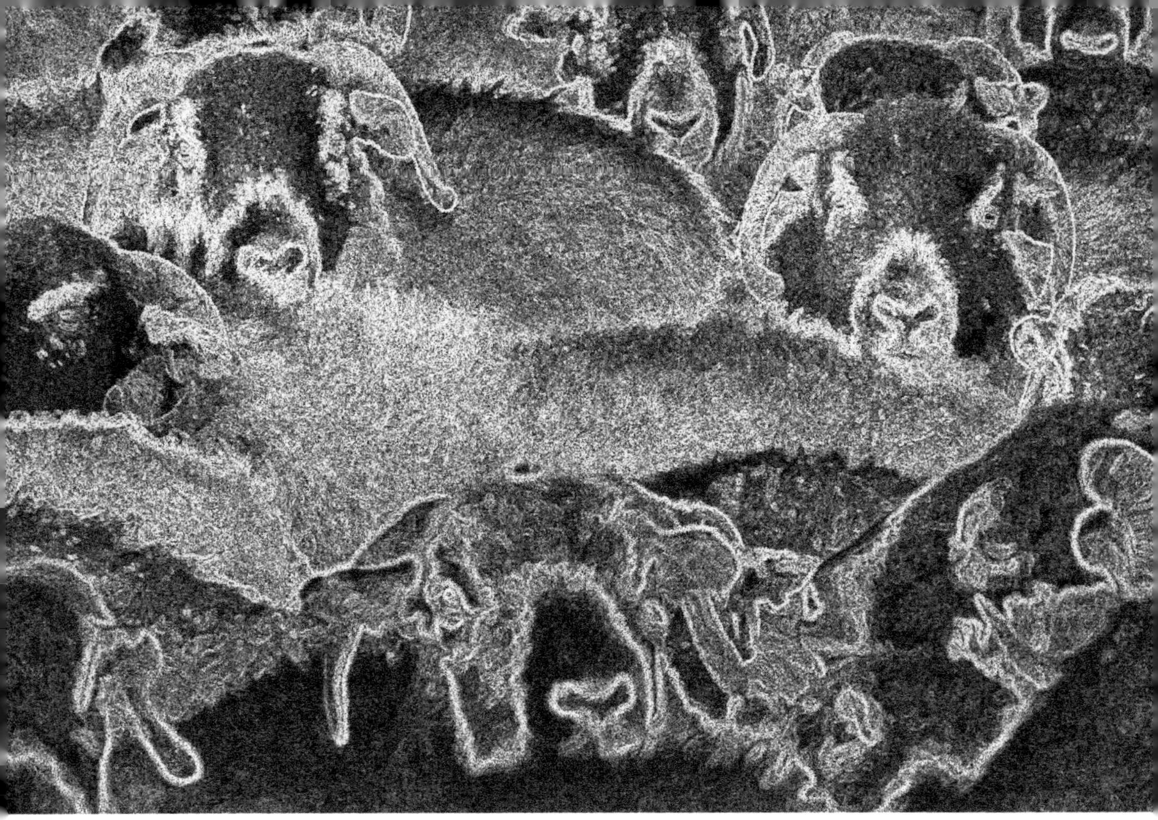

1 Joseph H. Kaiser, Vorwort, in: ders. (Hg.), Recht und Politik der Planung in Wirtschaft und Gesellschaft. (Planung, Bd. 1), Baden-Baden 1965, S. 7–9, hier S. 7.

2 Vgl. Petra Schaper-Rinkel, Rezension von: Richard Saage, Utopische Profile, Bd. 1–4, Münster 2001–2004, in: H-Soz-u-Kult, 22.09.2008; URL: http://hsozkult.geschichte.hu-berlin.de/rezensionen/2008-3-182.pdf, S. 1 [eingesehen am 26.08.2020]. Die epochale Bedeutung dieser Zäsur als Auftakt der Gegenwart unterstreicht besonders Anselm Doering-Manteuffel, Nach dem Boom. Brüche und Kontinuitäten der Industriemoderne seit 1970, in: Vierteljahrshefte für Zeitgeschichte, Jg. 55 (2007), H. 4, S. 559–581, hier S. 560. Vgl. dazu im Einzelnen ders. u. Lutz Raphael, Nach dem Boom. Perspektiven auf die Zeitgeschichte seit 1970, Göttingen 2008; Konrad Jarausch (Hg.), Das Ende der Zuversicht? Die siebziger Jahre als Geschichte, Göttingen 2008.

PLANUNG – PROSPERITÄT – PARTIZIPATION

PLANENDE POLITIKGESTALTUNG IN DER BUNDESREPUBLIK DEUTSCHLAND

Ξ Michael Ruck

»Planung ist der große Zug unserer Zeit. Planung ist ein gegenwärtig ins allgemeine Bewusstsein aufsteigender Schlüsselbegriff unserer Zukunft. [...] Planung ist der systematische Entwurf einer rationalen Ordnung auf der Grundlage alles verfügbaren Wissens.«[1] Mit technokratischem Pathos markierte der liberal-konservative Freiburger Staatswissenschaftler Joseph H. Kaiser Mitte der 1960er Jahre den Auftakt jener Planungsdekade, welche das gleitende Ende der Nachkriegszeit in Westdeutschland zwischen 1963 und 1973 umschließt.

Bereits Mitte des folgenden Jahrzehnts lief die Ära umfassender Zukunftskonzepte auf der Grundlage gezielt mobilisierten Expertenwissens wieder aus.[2] Diese Ernüchterung entsprang der Erkenntnis, dass eine von wissenschaftlichen Fachexperten organisierte »Bewahrung des Status quo« kaum mehr »machbar« – ein Leitbegriff dieser Zeit – sein werde.[3] Während der 1960er Jahre hingegen war die planvolle Sicherung wirtschaftlicher und gesellschaftlicher Prosperität von den westdeutschen Macht- und Funktionseliten als unverzichtbare Voraussetzung sozialer wie politischer Stabilität im beschleunigten Wandel von Wirtschaft und Gesellschaft begriffen worden. Die Wortführer einer raschen Ablösung von den ordoliberalen Dogmen der »Wirtschaftswunder«-Jahre in konservierender Absicht überhöhten die Anpassung an den Hauptstrom westlicher Industriestaaten mit visionären Formeln. So deklamierte der Heidelberger Religionsphilosoph und Pädagoge Georg Picht 1967: »Nicht nur die Prognose, auch die Planung, die wir brauchen, ist heute eine Utopie«.[4]

Vierzig Jahre später wurde politische Planung im Sinne einer rationalen, systematischen und operationalen Antizipation zukünftiger Gesellschaftsverhältnisse in gestaltender Zielsetzung[5] mit postmoderner Larmoyanz ironisch abgetan: Nicht nur theoretische »Utopien scheinen Geschichte zu sein«;[6] auch deren politisch-administrative Konkretion »Planung« klinge heute wie ein »Wort einer abgesunkenen Epoche«.[7] Denn »Planung zernichtet Spontaneität«.[8]

PHILOSOPHISCHE PLANUNGSDISKURSE IN DEN FRÜHEN 1960ER JAHREN

Drei Leitbegriffe prägten die westdeutsche Planungsdekade von 1963 bis 1973: Prosperität – Planung – Partizipation.[9] So unvereinbar ihre politischen Zukunftsvorstellungen auch waren – die Visionen einer marktwirtschaftlichen »Überflussgesellschaft« (John Kenneth Galbraith) auf marktwirtschaftlicher Grundlage und neomarxistische Fortschrittsverheißungen berührten sich in dem Glauben an die Möglichkeit einer planmäßigen, wissenschaftlich fundierten Steuerung sozioökonomischer Entwicklungen. Während die Wortführer der studentischen Linken die Protestbewegung in eine systematische Transformation der privatkapitalistisch geprägten Wirtschafts- und Gesellschaftsverhältnisse Westdeutschlands überleiten wollten, betrieben sozialdemokratische Planer wie der Sozialphilosoph und zeitweilige Staatssekretär in Düsseldorf Hermann Lübbe die anpassende Modernisierung der marktwirtschaftlichen und liberal-demokratischen Strukturen erklärtermaßen in antitotalitärer Absicht.[10]

Unter Verweis auf den fundamentalen Gegensatz von »liberaler Marktrationalität« und »totalitärer Planrationalität« verwarf der Sozialwissenschaftler und nachmalige FDP-Politiker Ralf Dahrendorf beide Positionen

3 Dirk van Laak, Planung. Geschichte und Gegenwart des Vorgriffs auf die Zukunft, in: Geschichte und Gesellschaft, Jg. 34 (2008), H. 3, S. 305–326, hier S. 320 u. S. 325.

4 Georg Picht, Prognose – Utopie – Planung. Die Situation des Menschen in der Zukunft der technischen Welt, Stuttgart 1968, S. 59f.

5 Michael Ruck, Artikel »Planung«, in: Rüdiger Voigt (Hg.), Handbuch Staat, Wiesbaden 2018, Bd. 2, S. 1069–1081, hier S. 1069; vgl. ders., Artikel »Planung: I. Geschichtliche Entwicklung«, in: Heinrich Oberreuter u. a. (Hg.), Staatslexikon. Staat – Recht – Wirtschaft, Bd. 4, Freiburg i. Br. 2020, Sp. 800–803.

6 Schaper-Rinkel.

7 Dieter Gosewinkel, Zwischen Diktatur und Demokratie. Wirtschaftliches Planungsdenken in Deutschland und Frankreich: Vom Ersten Weltkrieg bis zur Mitte der 1970er Jahre, in: Geschichte und Gesellschaft, Jg. 34 (2008), H. 3, S. 327–359, hier S. 327.

8 Alan Posener, Die 68er in der Schule, 25.10.2005, URL: http://debatte.welt.de/forward/emailref/8525?go=-weblogs/148/apocalypso/8525/die+68er+in+der+schule [eingesehen am 21.03.2008; am 26.08.2020 nicht mehr abrufbar].

9 Michael Ruck, Ein kurzer Sommer der konkreten Utopie. Zur westdeutschen Planungsgeschichte der langen 60er Jahre; in: Axel Schildt u. a. (Hg.), Dynamische Zeiten. Die 60er Jahre in den beiden deutschen Staaten, Hamburg 2003, S. 362–401, hier S. 362.

10 Vgl. dazu Michael Ruck, Planung als Utopie. Gesellschaftsutopien der 68er und gesellschaftliche Planungseuphorie in den sechziger Jahren, in: Vorgänge, Jg. 47 (2008), H. 1, S. 13–22.

als Ausfluss einer illiberalen »Gesinnung der Planrationalität«, welche geradewegs in einen bürokratischen »Zirkel der Pläne« führen müsse. Dabei leiste der fehlgeleitete »Glaube an die Möglichkeit der Gewissheit« in unheilvoller Verknüpfung mit dem allgemeinen »Misstrauen in die Kraft der dezentralisierten, autonomen Instanzen« einer Planungsideologie Vorschub, deren Anspruch auf gesellschaftspolitische Allzuständigkeit mit der »Verfassung der Freiheit« unvereinbar sei.[11]

Den Zeitgeist der 1960er Jahre trafen weder die radikalliberalen Planungsskeptiker noch die antiautoritären Planungskritiker. Aufgeschlossener näherte sich der liberalkonservative Bildungsreformer Georg Picht dem prekären Verhältnis von Planung und Demokratie. Der Heidelberger Religionsphilosoph hielt ausdrückliche Distanz zu der »heute modisch gewordene(n) Diskussion über Planung«. Zudem erinnerte er daran, dass »die größten Planungserfolge der wissenschaftlich-technischen Welt aus irrationalen Impulsen und aus weitgehend irrationalen Prozessen« hervorzugehen pflegten: »Krieg und Terror neben dem Gewinnstreben«. Doch Picht bezweifelte nicht die Notwendigkeit steuernder Eingriffe in die Entwicklung der »technischen Welt«: »Nicht was geplant werden soll, ist das größte Problem, das größte Problem ist, wie geplant werden soll.«

Das eigentliche Dilemma erblickte Picht darin, dass »zwischen den heutigen Möglichkeiten der Planung und den unaufschiebbaren Aufgaben der Planung ein riesiger Abstand« klaffe. Angesichts dessen formulierte er den szientistischen Appell, »heute noch« damit zu beginnen, aus dem Dreischritt: »wissenschaftliche Prognose« – »wissenschaftliche Utopie« – »wissenschaftliche Planung« heraus konkrete »Direktiven des Handelns« zu entwerfen. Dieses Handlungsgebot müsse freilich »streng pragmatisch interpretiert« werden, um nicht einem »Herrschaftsmonopol von partikulären Interessengruppen« oder gar einem »Monopol der Wissenschaftler und der technischen Spezialisten« Vorschub zu leisten. Geleitet durch die »Utopie der Erhaltung von Vernunft und Freiheit« habe »rationale« Planung im »Kontext sozialer Praxis« jederzeit die gesellschaftlichen »Voraussetzungen für ihre Realisierung« mitzudenken.[12]

Während Dahrendorf seinen Freiheitsbegriff in klassisch liberaler Manier individualistisch herleitete und der wirtschaftsliberale Bundeskanzler Ludwig Erhard den Planungsbefürwortern sein kryptisches Integrationskonzept einer »Formierten Gesellschaft« entgegenhielt, stellte sich Picht konsequent auf den Boden der gruppenpluralistischen Wirklichkeit. Für ihn stand das unabweisbare Erfordernis »rasche[r] und effektive[r] Planung« keineswegs im grundsätzlichen Widerspruch zu jenen Forderungen nach Teilhabe und

11 Ralf Dahrendorf, Gesellschaft und Demokratie in Deutschland, München 1965, S. 359, 459f.; vgl. ebd., S. 68f., 128, 458, 459f., 463, 479.

12 Picht, Prognose, S. 48f., 55–58, 61.

Veränderung, welche seit dem Abtritt des greisen Bundeskanzlers Adenauer im Herbst 1963 immer hörbarer wurden. Für Picht gehörte »die Integration der Gruppeninteressen [deshalb] notwendig zum Prozess der Planung selbst«.[13] Sein Planungsbegriff nahm die Partizipationsbedürfnisse im demokratisch-pluralistischen Parteien- und Verbändestaat nicht bloß als hemmende Randbedingung widerwillig zur Kenntnis. Picht maß ihnen funktionale Unverzichtbarkeit zu.

Der sozialdemokratische Planer Klaus von Dohnanyi, nachmals Bundesminister für Bildung und Wissenschaft (1972–1974) und Hamburger Bürgermeister (1981–1988), hatte kurz zuvor in diesem Sinne argumentiert: »Vorausschauende politische Arbeit ist in einer parlamentarischen Demokratie davon abhängig, dass Wähler und Interessengruppen für die Notwendigkeit langfristiger Überlegungen und Investitionen Verständnis haben. [...] Aus diesem Grunde darf das Gespräch über Notwendigkeit und Grenzen planender politischer Arbeit nicht auf die Planungsexperten der Parteien, Parlamente und der Bürokratie beschränkt bleiben. [...] Nur wenn die Notwendigkeit der Planung politisch verständlich und überzeugend begründet werden kann, werden wir ausreichende Kräfte für langfristige Ziele einsetzen können. Der Wähler bleibt der unerlässliche Verbündete.«[14]

Diese hellsichtige Warnung vor den Gefährdungen der freiheitlich-pluralistischen Verfassungskultur durch technokratische Expertenzirkel, die ihre Gestaltungsansprüche und -konzepte nicht im diskursiven Wettstreit um gesellschaftliche Unterstützung, sondern durch apodiktische Beschwörungen vorgeblicher Sachlogiken meinen hinreichend legitimieren zu können, erweist unter den Auspizien des Corona-Ausnahmezustands 2020/21 einmal mehr ihre ungebrochene Aktualität.

ENTTABUISIERUNG DER PLANUNG IM LAUFE DER 1960ER JAHRE

Diese Debatten brachen ziemlich unvermittelt über die bundesdeutsche Szenerie herein. Um 1960 waren gesamtwirtschaftliche und gesellschaftspolitische Planungen in Westdeutschland weithin tabuisiert. Noch Mitte des Jahrzehnts erblickte der Marburger Politikwissenschaftler Kurt Lenk mit Blick auf die »sozialstrukturelle Basis« und den internationalen Diskussionsstand im »Weiterwirken der traditionellen Planungsphobie einen cultural lag«.[15] Der »Zukunftsforscher« Robert Jungk beklagte ebenfalls das Modernitätsdefizit des heimischen Planungsdiskurses: »Im deutschen Sprachgebiet – und das kennzeichnet seinen historischen Rückstand – ist diese Etappe der Auseinandersetzung mit der Planung noch keineswegs erreicht. Erst jetzt beginnt sich auch bei uns die Erkenntnis durchzusetzen, dass der prinzipielle Streit

13 Ebd., S. 15.

14 Klaus von Dohnanyi, Grundlagen des Wählerverständnisses für Planungsaufgaben, in: Robert Jungk u. Hans J. Mundt (Hg.), Der Griff nach der Zukunft. Planen und Freiheit. Neunzehn Beiträge internationaler Wissenschaftler, Schriftsteller und Publizisten, München 1964, S. 497–504, hier S. 497.

15 Kurt Lenk, Aspekte der gegenwärtigen Planungsdiskussion in der Bundesrepublik, in: Politische Vierteljahresschrift, Jg. 7 (1966), H. 3, S. 364–376, hier S. 374 f.

um die Planung, wie er zwischen Marxisten und Liberalen ausgefochten wurde – und unter zum Teil neuen Etiketten noch immer ausgefochten wird –, in Wahrheit von zweitrangiger Bedeutung ist. Denn auch die offiziell noch liberalen Systeme planen längst, weil sie den Schritt von irrationaler Schicksalsgläubigkeit zu rationaler Führung ihrer Geschäfte tun mussten, um in der Industriegesellschaft existieren zu können. Umso dringender sollte auch bei uns die Frage nach der Planungspraxis erhoben werden, die nun nicht länger dem Zufall einer mehr oder weniger begabten Improvisation überlassen werden darf.«[16]

Die Durchsetzung des Planungsgedankens im westdeutschen Frontstaat wurde durch die rasche Deeskalation des Kalten Krieges nach der Doppelkrise von 1961/62 begünstigt. Als sozialtechnische Handlungskategorie ihrer pejorativen Konnotationen entkleidet, stand »Planung« bald auch hier im Mittelpunkt systeminterner Diskurse über deren praktische Anwendung. Der militärischen Blockkonfrontation setzten optimistische Vordenker von »Modelle[n] für eine neue Welt« nun die konvergenztheoretisch unterlegte Vision eines friedlichen »Wettkampf[s] der Planungen in Ost und West« entgegen.[17]

Diese »Entideologisierung des Planungsbegriffs«[18] provozierte grundsätzliche Auseinandersetzungen über Chancen und Risiken der Moderne, als Planungsbefürworter den »systematische[n] Entwurf einer rationalen Ordnung auf der Grundlage alles verfügbaren Wissens« als das zeitgemäße »Instrument zum Bau einer besseren und gerechteren Ordnung« offensiv propagierten.[19] Dagegen wandten sich zunächst konservative Gesellschaftstheoretiker wie Helmut Schelsky. Schon mit dem Titel seines Traktats über »Planung der Zukunft. Die rationale Utopie und die Ideologie der Rationalität«[20] setzte der weit über sein Fach hinauswirkende Soziologe 1966 einen Kontrapunkt zu Joseph Kaisers Loblied auf die »Systematik als die planvoll geordnete Totalität unseres jeweiligen Wissens, Rationalität und vor allem Wissenschaft«.[21] Seit Jahren hatte Schelsky vor technokratischen Eingrenzungen individueller wie politischer Entscheidungsfreiheit gewarnt. Deren ideologisch überhöhter Gestaltungsanspruch verabsolutiere die Utopie des funktionalistischen Konstruktivismus. Damit würden andere Zukunftsentwürfe verdrängt, aus deren Konkurrenz der gesellschaftliche und kulturelle Fortschritt erst seine Dynamik gewinne.[22]

Die moderaten Befürworter öffentlicher Interventionen auf wirtschaftlichem Gebiet wie im Bildungsbereich oder auf dem weiten Feld der »Daseinsvorsorge« (Ernst Forsthoff) sahen hingegen in staatlichen Planungsaktivitäten keine Gefährdung der freiheitlichen Verfassungs- und Gesellschaftsordnung, sondern eine unverzichtbare Gewährleistung dauerhafter Prosperität. Zwar

16 Robert Jungk, Gesucht: ein neuer Mensch. Skizze zu einem Modell des Planers, in: Ders. u. Mundt, Griff, S. 505–516, hier S. 505.

17 Robert Jungk u. Hans J. Mundt (Hg.), Wege ins neue Jahrtausend. Wettkampf der Planungen in Ost und West. Achtzehn Beiträge internationaler Wissenschaftler, Schriftsteller und Publizisten, München 1964.

18 Helmut Klages, Planungspolitik. Probleme und Perspektiven der umfassenden Zukunftsgestaltung, Stuttgart 1971, S. 7; vgl. Lenk, Aspekte, S. 364, 376.

19 Joseph H. Kaiser, Vorwort, in: Ders. (Hg.), Recht und Politik der Planung in Wirtschaft und Gesellschaft, Baden-Baden 1965, S. 7–9, hier S. 7 f.

20 Helmut Schelsky, Planung der Zukunft. Die rationale Utopie und die Ideologie der Rationalität, in: Soziale Welt, Jg. 17 (1966), H. 2, S. 155–172.

21 Kaiser, Recht, Vorwort, S. 7.

22 Schelsky, Planung.

berge eschatologisch inspirierte Gesamtplanung durchaus auch den Keim totalitärer Herrschaft, räumte Hermann Lübbe warnend ein. Doch von einer »utopiefrei sich haltende[n] Planung« drohten solche Anfechtungen nicht. Denn jene »Zukunftserfahrung, die der pragmatischen Planung« zugrunde liege, speise sich aus »der Erfahrung eines beschleunigt ablaufenden technischen, ökonomischen, wissenschaftlichen, sozialen Fortschritts«. Der sei »subjektlos« und »nur im planungstechnischen Ausgang vom technologisch durchrationalisierten Detail ausgreifend beherrscht«. In diesem »evolutionistischen« Szenario führe kein Weg zu einer »geschichtsphilosophisch inspirierte[n] Totalplanung«, deren holistischer Gestaltungsanspruch »unter den Wirkungen der Sachzwänge, denen die pragmatische Planung gehorcht«, ohnehin hinfällig sei.[23]

PLANUNGSEUPHORIE IN WESTDEUTSCHLAND UM 1970

Die spontane Heftigkeit solcher Planungsdebatten in liberalkonservativen und sozialliberalen Kreisen legt den Schluss nahe, dass gegen Mitte der 1960er Jahre ein aufgestauter Bedarf an diskursiver Überbrückung jener Kluft zwischen wettbewerbswirtschaftlicher Theorie und gemischtwirtschaftlicher Praxis offenbar wurde, welche sich seit 1950 immer weiter geöffnet hatte. Denn Westdeutschland lag zwar im internationalen Vergleich praktisch weit zurück – planerisches Niemandsland freilich stellte die Bundesrepublik schon längst nicht mehr dar. Diese frühen Aktivitäten konzentrierten sich auf den Komplex Forschung, Wissenschaft und Bildung. Anfang der 1960er Jahre drohte ein wachsender Mangel an geeignetem »Humankapital« den modernisierenden Strukturwandel zu verzögern und die internationale Konkurrenzfähigkeit wie die Wachstumschancen der westdeutschen Volkswirtschaft nachhaltig zu beeinträchtigen.[24] Anstelle des Wiederaufbaukonsenses der 1950er Jahre einte nunmehr die Wohlstands- und Wachstumsorientierung weite Teile der Arbeitnehmerschaft, die drei maßgeblichen Parteien und die jüngeren Kohorten der Funktionseliten.

Abseits der Konflikte über die Reform des Bildungswesens und der Hochschulen wurden seit den frühen 1960er Jahren planerische Fakten vor allem auf einem Feld der Wissenschafts- und Forschungspolitik geschaffen, das erst ein Jahrzehnt später in das Zentrum heftiger Auseinandersetzungen darüber rückte, wie und um welchen Preis die westdeutsche Prosperität langfristig gewährleistet werden sollte. Schon im Laufe der 1950er Jahre hatte sich dazu ein internationaler Elitenkonsens herausgebildet. In dessen Zentrum stand die Gewährleistung einer ubiquitären Versorgung mit elektrischer Energie. Binnen weniger Jahre sollten groß angelegte Programme

23 Hermann Lübbe, Herrschaft und Planung. Die veränderte Rolle der Zukunft in der Gegenwart, in: Heinrich Rombach (Hg.), Die Frage nach dem Menschen. Aufriss einer philosophischen Anthropologie. Festschrift für Max Müller zum 60. Geburtstag, Freiburg 1966, S. 188–211, hier S. 207, 210 f.

24 Vgl. dazu Ludger Lindlar, Das missverstandene Wirtschaftswunder. Westdeutschland und die westeuropäische Nachkriegsprosperität, Tübingen 1997, S. 310 f.

zur zivilen Nutzung der Kernkraft die westlichen Industriegesellschaften für die Zukunft rüsten. Auch in der Bundesrepublik Deutschland wurde die atomgestützte Vision immerwährenden Wachstums weithin geteilt. Erst als in den frühen 1970er Jahren klarer zutage trat, dass die großtechnologische Planungslogik der Experten jegliche Korrektur oder gar Infragestellung des atomaren Wachstums- und Modernisierungsparadigmas aus der Gesellschaft heraus auszuschließen drohte, machten sich in Teilen der Öffentlichkeit Skepsis und Ablehnung breit.[25]

Ohne die diskursive Anbahnung des Planungsgedankens und seine sektorale Durchsetzung von Anfang bis Mitte der 1960er Jahre hätte sich der westdeutsche Planungsboom nicht entfalten können. Der eigentliche Durchbruch erfolgte jedoch auf dem strategischen Feld der Wirtschaftspolitik. Schon bald galt die neu entdeckte Planung vielen als unentbehrliches Instrument der technokratischen Verstetigung einer Nachkriegsprosperität.[26] Die wurde weithin als unverzichtbare, nicht mehr selbstverständliche Voraussetzung sozialer wie politischer Stabilität im beschleunigten Wandel von Wirtschaft und Gesellschaft betrachtet. Wiederum kleidete Joseph H. Kaiser diese Perspektive in eine prägnante Formel: »Der Nomos des Wachstums ist die Planung.«[27]

Die Überwindung der Rezession von 1966/67 schrieben die meisten Zeitgenossen der Globalsteuerung des sozialdemokratischen Wirtschaftsministers Karl Schiller zu. Und so entströmte diesem Unwort der Nachkriegszeit fortan ein »Flair des Fortschrittlichen«.[28] Umso drängender stellte sich gegen Ende der 1960er Jahre die Aufgabe, die Verpflichtungsfähigkeit öffentlicher Planung zu erhöhen und zugleich den teils überbordenden Planungseifer zielorientiert zu bändigen. Dem galt der ambitionierte Versuch, durch eine mehrjährige Ressourcenplanung zumindest mittelbaren Einfluss auf die Aktivitäten der einzelnen Ressorts und der verschiedenen Gebietskörperschaften zu erlangen. Die multiplen Mängel der übergreifenden Budgetsteuerung traten besonders schmerzlich zutage, weil immer höhere Ansprüche an den sozial(demokratisch)en Interventions- und Zukunftssicherungsstaat gestellt wurden. Doch schon im Laufe des Jahres 1970 scheiterte das organisatorische Kernstück des sozialliberalen Reformprojekts, die ressort- und länderübergreifende Aufgabenplanung mit einem reorganisierten Kanzleramt als faktischer Bundesplanungszentrale, an einer Überschätzung der technisch-administrativen Kapazitäten, an mangelnder Einsicht in die Beharrungskraft der hergebrachten Verwaltungsstrukturen und -routinen wie an der Geringschätzung sowohl regierungskollegialer als auch föderaler Reservate.[29]

25 Vgl. dazu auch Albrecht Weisker, Systemwettstreit oder Konvergenz durch Sachzwänge? Die Ausbaupläne der Kernenergie in der Bundesrepublik und der DDR in den 1960er Jahren, in: Heinz-Gerhard Haupt u. Jörg Requate (Hg.), Aufbruch in die Zukunft. Die 1960er Jahre zwischen Planungseuphorie und kulturellem Wandel. DDR, CSSR und Bundesrepublik Deutschland im internationalen Vergleich, Weilerswist 2004, S. 185–206, hier S. 205f.

26 Vgl. Gabriele Metzler, Konzeptionen politischen Handelns von Adenauer bis Brandt. Politische Planung in der pluralistischen Gesellschaft, Paderborn 2005.

27 Joseph H. Kaiser, Europäisches Großraumdenken. Die Steigerung geschichtlicher Größen als Rechtsproblem, in: Hans Barion u. a. (Hg.), Epirrhosis. Festgabe für Carl Schmitt, Bd. 2, Berlin 1968, S. 529–548, hier S. 548.

28 Thomas Ellwein, Politik und Planung, Stuttgart 1968, S. 7.

29 Vgl. Winfried Süß, »Rationale Politik« durch sozialwissenschaftliche Beratung? Die Projektgruppe Regierungs- und Verwaltungsreform 1966–1975, in: Stefan Fisch u. Wilfried Rudloff (Hg.), Experten und Politik: Wissenschaftliche Politikberatung in geschichtlicher Perspektive, Berlin 2004, S. 329–348.

STUDENTISCHER PROTEST – IMPULSGEBER SOZIALTECHNOKRATISCHER REFORMPLANUNGEN?

Bisweilen ist gefragt worden, ob sich die technokratischen »Diskurskoalitionen« in Politik und Verwaltung, Wirtschaft und Wissenschaft durch das gesellschaftlich-politische »Unruhe«-Szenario zu Zeiten der Großen Koalition in ihrem Streben nach planmäßiger Verstetigung der Nachkriegsprosperität zusätzlich angetrieben gefühlt haben könnten.[30]

Das Beispiel des Frühkoordinationssystems der Bundesregierung deutet in eine andere Richtung. Wie nahezu sämtliche anderen Planungsvorhaben der Jahre 1969/70 stand das Projekt sowohl inhaltlich als auch personell in der Kontinuität der seit 1963/66 vom Kabinett Erhard (CDU/CSU, FDP) geleisteten Vorarbeiten. Nicht nur die sozialistische Linke, auch manche ihr nahestehende Sozialwissenschaftler erblickten gerade darin ein Hauptproblem des sozialliberalen Planungsbooms. Denn einerseits kamen sie nicht umhin, den jüngeren Kohorten der Verwaltungsleute sowohl eine nachhaltig demokratisch-pluralistische Sozialisation als auch große Aufgeschlossenheit gegenüber systemoptimierenden Staatsinterventionen zu bescheinigen. Andererseits wären solche Strategien durch die Handlungsdispositionen gerade auch dieses Personals von vornherein auf »affirmative« Eingriffe begrenzt. Aus »linker« Perspektive musste sich daraus eine neue Konfliktlinie zwischen modernisierungswilligen Verwaltungsapparaten und deren wissenschaftlichen Beratern einerseits sowie »progressiven« Befürwortern planmäßiger Veränderungen der bestehenden Wirtschafts- und Gesellschaftsordnung andererseits entwickeln. Dieser Konflikt werde entweder eine neue Welle grundsätzlicher Systemkritik auslösen oder in »resignativer Anpassung« versanden.[31] Beide Voraussagen traten so nicht ein. Denn die Zeit holistischer Gestaltungsinitiativen war auch auf Seiten der »fortschrittlichen« Kritiker vorüber.

Im Übrigen wurde der konfliktträchtige Widerspruch von ausgreifenden Planungsszenarien und bürgerlichen Partizipationsansprüchen seit den frühen 1970er Jahren immer häufiger nicht mehr in den konventionellen Institutionen demokratischer Repräsentation ausgetragen. Stattdessen erhob eine rasch wachsende Zahl informeller »Bürgerinitiativen« jeweils vor Ort vehementen Einspruch gegen Flurbereinigungen im Bereich der kommunalen Selbstverwaltung oder überdimensionierte Bauvorhaben, flächenhafte Stadtsanierungen und andere Manifestationen hochfliegender Fortschritts- und Wachstumsphantasien. Diese dezentrale Protestbewegung zwang das Augenmerk der Planungsakteure in Politik und Verwaltung sowie ihrer wissenschaftlichen Berater auf einen Aspekt zivilgesellschaftlicher Demokratisierung,

30 Vgl. etwa Wagner, Sozialwissenschaften, S. 418; Ellwein, Politik, S. 7; Hermann Lübbe, Der Mythos der »kritischen Generation«. Ein Rückblick, in: Aus Politik und Zeitgeschichte, H. 20/1988, S. 17–25, hier S. 23.

31 Peter Grottian, Strukturprobleme staatlicher Planung. Eine empirische Studie zum Planungsbewusstsein der Bonner Ministerialbürokratie und zur staatlichen Planung der Unternehmenskonzentration und des Wettbewerbs (GWB), Hamburg 1974, S. 164 f., 256.

den sie aus ihrer institutionell respektive spezialistisch verengten oder auf gesamtgesellschaftliche Makrostrukturen gerichteten Perspektive bisher noch kaum wahrgenommen hatten: die hartnäckigen Widerspenstigkeiten unmittelbar Betroffener und ihrer aktivistischen Anwälte aus dem versprengten Umfeld der studentischen Protestbewegung.

Je länger, desto deutlicher wurde offenbar, dass in dem Konfliktdreieck »Planung – Prosperität – Partizipation« einander entfremdete Träger kultureller Codes aufeinandertrafen, deren konkrete Utopien ebenso im fundamentalen Widerspruch zueinander standen wie ihre Rationalitäts- und Freiheitsbegriffe. Während die einen den Planungs- und Implementierungsprozess durch den gezielten Einbau partizipativer Elemente vor äußeren Hemmungen bewahren wollten, stellten die anderen das wissenschaftlich legitimierte Wachstumsparadigma der 1960er Jahre mit dem von Expertenstäben ständig weiterentwickelten Steuerungsinstrumentarium grundsätzlich in Frage. Weder mit den sozialistischen Gesellschaftsutopien der studentischen Protestbewegung von 1967/68 noch mit der sozialtechnokratischen Planungseuphorie des vorausgegangenen Jahrzehnts hatten diese Initialkonflikte der Neuen Sozialen Bewegungen der 1980er Jahre noch viel zu tun.

ERNÜCHTERUNG UND PRAGMATISIERUNG DES PLANUNGSDENKENS

Nachdem die allgemeine Planungseuphorie schon verebbt war, wurde seit Mitte der 1970er Jahre über eine planvolle Struktur- und Technologiepolitik debattiert. Die Befürworter modernisierender Eingriffe des Staates in das Marktgeschehen bis hin zur gezielten »Investitionslenkung« warben für eine »Strategie des aktiven Strukturwandels«.[32] Im wirtschaftswissenschaftlichen und -publizistischen Diskurs hingegen gaben die Protagonisten einer konsequent angebotsorientierten Abkehr von interventionistischen Planungskonzepten zugunsten marktwirtschaftlicher Selbststeuerung den Ton an. 1982/83 wurde die regierungsamtliche Politik grundsätzlich mit dieser herrschenden Lehre in Gleichklang gebracht. Seither findet Strukturpolitik sektoraler und vor allem auch regionaler Ausrichtung ohne jenen umfassenden Anspruch planerischer Zukunftsgestaltung statt, der ihr vorübergehend beigemessen worden war.[33]

Zur Pragmatisierung des Planungsdenkens und -handelns seit den späten 1970er Jahren hat nicht bloß die ernüchternde Einsicht in die Überkomplexität der realen Welt und die daraus resultierenden Unzulänglichkeiten sämtlicher Prognosemodelle und Implementationsstrategien beigetragen. Hinzu kam die Erfahrung einer unberechenbaren »Kontingenz«, welche planendes

32 Volker Hauff u. Fritz W. Scharpf, Modernisierung der Volkswirtschaft. Technologiepolitik als Strukturpolitik, Frankfurt a. M.1975, S. 13 f.

33 Vgl. Michael Ruck, »Zwischen Steuerungsbedarf und ordnungspolitischem Sündenfall«. Sektorale »Strukturpolitik« im deutschen Planungsdiskurs, in: Stefan Grüner u. Sabine Mecking (Hg.), Wirtschaftsräume und Lebenschancen. Wahrnehmung und Steuerung von sozialökonomischem Wandel in Deutschland nach 1945, München 2017, S. 23–38.

Handeln antreibt, zugleich aber seinen systematischen Gestaltungsanspruch hemmt. Geleitet von der Einsicht in diese unüberwindbaren Begrenzungen ihrer Wirksamkeit hat die politische Planung seither weitestgehend Abschied von holistisch-eschatologischen Zukunftskonzepten genommen.

An ihre Stelle trat die sozialtechnologische Stückwerk-Technik *(piecemeal social engineering).* Unter der Ägide des sozialdemokratischen Bundeskanzlers Helmut Schmidt (1974–1982) wurde Karl R. Poppers pragmatisches Konzept als regierungsoffizielles Leitbild installiert und als »experimentelle Politik« implementiert.[34] Seither sichert es einer unüberschaubaren Zahl spezialisierter Planer und Evaluatoren im Umfeld der »neuen Institutionen einer staatlichen Zukunftsverwaltung« ihr Auskommen.[35] Denn allen Ernüchterungen zum Trotz, die vor allem auch die Wirtschaftsprognostik ihnen beschert hat,[36] bedienten sich die staatlichen Planungsinstanzen in wachsendem Maße wissenschaftlicher Expertise.

Generell zeichnet sich dabei einerseits eine Tendenz zur Anwendung »weicher« Planungsstrategien von (zumindest formal) nicht-hierarchischen »Governance«-Arrangements bis hin zu verhaltensökonomisch inspirierten Beeinflussungsmethoden des »Nudging« ab, wie sie zusehends auch von öffentlichen und zivilgesellschaftlichen Akteuren verwendet werden. Den Vorzug gegenüber imperativer Planung respektive »Steuerung«[37] mittels staatlicher Gebote oder Verbote erhalten in der Regel indikative (indirekte) Planung durch Anreizsysteme oder persuasive Planung durch Orientierungsdiskurse ihrer jeweiligen Protagonisten. In Sonderheit gilt dies im pluralistisch-korporatistischen Mehrebenensystem der Bundesrepublik Deutschland[38] mit ihren zivilgesellschaftlichen Strukturen, aktiven Protestkulturen und einer ausgeprägten Justizialisierung politisch-administrativer Gestaltungsprozesse.

Auf der Grundlage der jeweiligen konstitutionellen und institutionellen Gegebenheiten *(polity)* sowie der spezifischen Ausprägungen des Willensbildungs- und Entscheidungsprozesses *(politics)* werden unter den gegebenen Bedingungen des politischen Systems gesamtgesellschaftliche Entwicklungsziele und (ggf. daraus abgeleitete) Entwicklungskonzepte für sachgegenständlich definierte Politikfelder *(policies)* inkremental formuliert.

Freilich drängt sich bei der Betrachtung solcher Planungsszenarien oftmals der Eindruck auf, dass es dabei nicht zuletzt auch darum geht, in legitimatorischer Absicht politische Aktivitäten zu simulieren, politische Verantwortlichkeiten zu kaschieren und/oder politische Probleme durch gezieltes Framing im Sinne interessengeleiteter Narrative in der öffentlichen Wahrnehmung zuzurichten.

34 Vgl. Gerd-Michael Hellstern u. Helmut Wollmann (Hg.), Experimentelle Politik – Reformstrohfeuer oder Lernstrategie. Bestandsaufnahme und Evaluierung, Opladen 1983.

35 Thomas Macho, Prognose statt Utopie? Zur Geschichte des Umgangs mit der Zukunft, in: Forschung & Lehre, Jg. 16 (2009), H. 4, S. 248 f., hier S. 249. Vgl. Peter Wagner, Sozialwissenschaften und Staat. Frankreich, Italien, Deutschland 1870–1980, Frankfurt 1990, S. 418, 435 ff.; Alexander Nützenadel, Stunde der Ökonomen. Wissenschaft, Politik und Expertenkultur in der Bundesrepublik 1949–1974, Göttingen 2005, S. 362; Carl Böhret, Hofnarren, Denkfabriken, Politik-Coach: Chancen und Schwierigkeiten der Politikberatung damals und heute, in: Fisch u. Rudloff, Experten, S. 369–380.

36 Vgl. Nützenadel, Stunde; Tim Schanetzky, Die große Ernüchterung. Wirtschaftspolitik, Expertise und Gesellschaft in der Bundesrepublik 1966 bis 1982, Berlin 2007.

37 Vgl. Nicolai Dose, Artikel »Steuerung«, in: Voigt, Handbuch Staat, Bd. 2, S. 1239–1248.

38 Vgl. Michael Ruck, Die Republik der Runden Tische: Konzertierte Aktionen, Bündnisse und Konsensrunden, in: André Kaiser u. Thomas Zittel (Hg.), Demokratietheorie und Demokratieentwicklung. Festschrift für Peter Graf Kielmansegg, Wiesbaden 2004, S. 333–356.

VON DER PLANENDEN POLITIKGESTALTUNG ZUR KRISENREAKTIONSPROGRAMMATIK?

Nach dem vermeintlichen »Ende der Geschichte« (Francis Fukuyama) zu Beginn der 1990er Jahre standen im politischen Feuilleton »Utopieverdrossenheit und Utopieschelte« hoch im Kurs.[39] Im Zeichen einer fortgeschrittenen »Politisierung der Expertise«[40] und angesichts häufiger Missweisungen selbst kurzfristiger Prognosen wurden zwischenzeitlich auch der rationalistische Planungsansatz und mit ihm der Mitgestaltungsanspruch wissenschaftlicher »Experten« zusehends infrage gestellt. Unter den Auspizien der globalen Finanz- und Wirtschaftskrise erschien die programmgeleitete Zukunftsgestaltung erst recht anachronistisch. Seit dem September 2008 »verdrängte« unvermittelt »die Gegenwart die Zukunft«: »Beschreiben, was auf Politik zukommt – oder anpacken, was konkret vor einem liegt? Wer letzteres nicht leistet, wird für Ersteres kein Gehör finden.« Denn »schließlich beginnt die Zukunft in jeder Sekunde neu«.[41]

Die Konsequenz sozialdemokratischer Programmplaner im Bundestagswahlkampf 2009 glich den Prioritätensetzungen ihrer Vorgänger unter dem Eindruck der Ölkrise im Wahlkampfjahr 1976: »Wir müssen darauf setzen, dass wir im Hier und Jetzt die besseren Antworten haben.«[42] Deshalb müsse der »Aktionsplan gegen die Krise der Gegenwart« dazu herhalten, zumindest »in Teilen künftige Politik« zu beschreiben. Nicht die konkrete Utopie ausgefeilter Parteiprogramme sei in solchen Zeiten gefragt, sondern das situative Handeln im Angesicht der Krise: »Heute Abend kann die Welt schon anders aussehen als noch heute Morgen. Für Zukunftsplaner [...] bedeutet dies, dass man das Morgen variabler formulieren muss als früher, flexibler. [...] So macht man Zukunft in Krisenzeiten.«[43]

Freilich fordert derlei hyperpragmatische Krisenreaktionsprogrammatik auch ihren Preis. Im tagespolitischen Geschäft lassen hektische Kurswechsel das Profil der (ehemaligen) »Volksparteien« mehr und mehr verschwimmen. Dazu vermittelt gleich klingende Begleitrhetorik den irritierenden Eindruck programmatischer Konvergenz. Das erschwert es den Parteistrategen, gegen die grassierende Apathie der Anhänger- und Wählerschaft zu mobilisieren.

Das »Corona-Notstandsregime« könnte eine neue Qualität dieser Entwicklung markieren. Im »Krieg gegen das Virus« haben politische und administrative »Durchgreifer« und »Macher« seit dem Frühjahr 2020 unter dem Beifall des medialen Mainstreams und größerer Teile des verunsicherten Publikums in der »Stunde der Exekutive« mit maßnahmestaatlicher Entschlossenheit und Härte unter kategorischer Berufung auf virologisch-epidemologische Wissenschaftsexpertise eine maximalistische Ad-hoc-»Strategie« entfaltet.

39 Klaus L. Berghahn, Ende des utopischen Zeitalters? Vorwort, in: ders., Zukunft in der Vergangenheit. Auf Ernst Blochs Spuren, Bielefeld 2008, S. 9–15, hier S. 15; vgl. ders., Zur Begriffsgeschichte der Utopie. Nachwort, in: ebd., S. 161–171, hier S. 165; Schaper-Rinkel, Rezension Saage, S. 1, 5, 7; Laak, Planung, S. 320.

40 Vgl. Schanetzky, Ernüchterung, S. 184–211.

41 Peter Dausend, Zukunft Nummer vier. Und wieder braucht die SPD ein Wahlprogramm. Aber wie erklärt man das Übermorgen, wenn man über das Morgen nichts weiß? In: Die Zeit, 16.04.2009.

42 SPD-Bundesgeschäftsführer und Wahlkampforganisator Kajo Wasserhövel im April 2009; zit. nach Dausend, Zukunft.

43 Dausend, Zukunft.

Deren Hauptfluchtpunkt war erklärtermaßen der baldige »Sieg« über den neuen Krankheitserreger, vulgo: die massenhafte Bereitstellung eines wirksamen Impfstoffes. Im parallel weiterlaufenden »Kampf gegen die drohende Klimakatastrophe« werden zwar längerfristige Etappenziele auf dem Weg zur klimaneutralen Transformation propagiert, deren planmäßige und schrittweise Ansteuerung jedoch durch »klimaalarmistische« Forderungen überlagert und teils auch konterkariert, ohne Rücksicht auf anderweitige Verluste drakonische Sofortmaßnahmen zu ergreifen.

Was die derzeitige Rhetorik des multiplen Ausnahmezustands, dessen Gebieter nach einer bekannten Sentenz Carl Schmitts wahrhaft souverän ist, für die planende Gestaltung künftiger Politik, für das Verhältnis von politischer Verwaltung und wissenschaftlicher Expertise wie auch für die künftige Verfassungswirklichkeit hierzulande längerfristig bedeuten, muss sich erst noch erweisen.

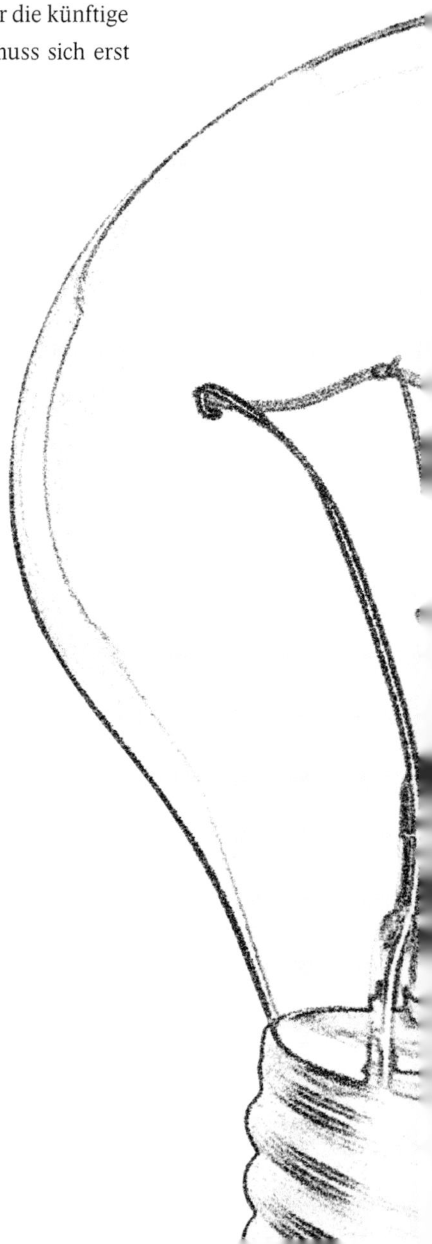

Michael Ruck, Dr. phil., geb. 1954, 2001–2020 Universitätsprofessor für Politikwissenschaft und Zeitgeschichte an der Europa-Universität Flensburg. Arbeitsschwerpunkte in Forschung und Lehre: Geschichte der deutschen Gewerkschaften, Wirtschafts- und Sozialgeschichte, Regional- und Verwaltungsgeschichte, Geschichte der Weimarer Republik, des Nationalsozialismus und der deutschen Nachkriegszeit, deutsches und europäisches Mehrebenensystem.

VERFASSUNGSGERICHTS-EXPERTOKRATIE?

DAS BUNDESVERFASSUNGSGERICHT IM POLITISCHEN PROZESS

Ξ Alexander Thiele

DER CLOU DES DEMOKRATISCHEN VERFASSUNGSSTAATES

Die Amerikanische Revolution und die Gründung der USA bilden den Ausgangspunkt moderner Verfassungstheorie.[1] Zu den zahlreichen Elementen, die den modernen Konstitutionalismus seither prägen, gehören mit dem Vorrang der Verfassung und einer diesen Vorrang sichernden Verfassungsgerichtsbarkeit zwei Bausteine, die uns heute beinahe selbstverständlich erscheinen. Wie anders sollte eine Verfassung ihrer Rahmenfunktion nachkommen, wenn sie im politischen Prozess keinen Vorrang genießt? Und wie sollte sich der Vorrang durchsetzen, wenn es keine unabhängige Instanz gibt, die die politischen Institutionen in ihre verfassungsrechtlichen Schranken weisen kann? So überzeugend diese Überlegungen heute erscheinen (wenngleich die zweite nicht zwingend aus der ersten folgt),[2] darf nicht in Vergessenheit geraten, dass beide Elemente (vor allem das zweite) einen antidemokratischen Impetus haben. Das gilt insbesondere dann, wenn die verfassungsgerichtliche Kontrolle, also die Durchsetzung des Vorrangs, gegenüber dem Gesetzgeber erfolgt. Dadurch vermag eine kleine Zahl an mittelbar legitimierten RichterInnen – in Deutschland sind in den beiden Senaten des Bundesverfassungsgerichts jeweils acht RichterInnen tätig –, Mehrheitsentscheidungen eines unmittelbar demokratisch legitimierten Organs unter Berufung auf einen meist vage formulierten Verfassungstext aufzuheben. Vorrang der Verfassung bedeutet mit Rainer Wahl eben zugleich Nachrang des Gesetzgebers.[3] Je nach Ausgestaltung der Verfassungsgerichtsbarkeit kommt den nicht abwählbaren RichterInnen eine beachtliche Macht zu, die noch einmal dadurch gesteigert wird, dass allein sie es sind, die über den Inhalt der Verfassung abschließend entscheiden. Was die Verfassung vorgibt und ob sie in der konkreten Situation überhaupt etwas vorgibt, obliegt ihrer Interpretation. Sie bestimmen ihren Kontrollmaßstab partiell selbst. Oliver Lepsius spricht vom Bundesverfassungsgericht auch als der »maßstabssetzenden Gewalt«[4].

1 Dazu demnächst umfassend Alexander Thiele, Der konstituierte Staat, Frankfurt 2021.

2 Zutreffend Christoph Möllers, Legalität, Legitimität und Legitimation des Bundesverfassungsgerichts, in: Matthias Jestaedt u. a., Das entgrenzte Gericht, Berlin 2011, S. 281–422, hier S. 285.

3 Rainer Wahl, Der Vorrang der Verfassung, in: Der Staat, Jg. 20 (1981), H. 4, S. 485–516, hier S. 487.

4 Oliver Lepsius, Die maßstabssetzende Gewalt, in: Matthias Jestaedt u. a., Das entgrenzte Gericht, Berlin 2011, S. 159–280.

Dieser anti-demokratische Impetus ist allerdings zugleich die besondere Stärke, gewissermaßen der Clou des demokratischen Verfassungsstaates mit Verfassungsgerichtsbarkeit. Indem er den politischen Prozess rechtsstaatlich einhegt und der Geltung des reinen demokratischen Mehrheitsprinzips Grenzen setzt, verhindert er eine »Tyrannei der Mehrheit« und schafft es dadurch, auch eine pluralistische Gesellschaft umfassend in den Staat zu integrieren. Als »Staat der Nichtextreme«, in dem Gesetze, aber nicht Menschen herrschen, erreicht er ein Legitimitätsniveau, das anderen Herrschaftsformen abgeht. Verfassungshistorisch zeigt sich das beim Blick auf die Französische Revolution, die mangels entsprechender Schranken alsbald in den jakobinischen Terror und die Militärdiktatur Napoleons abglitt.[5] Dennoch darf die Gefahr einer zu ausgeprägten Verrechtlichung des politischen Prozesses, einer zu weitgehenden Konstitutionalisierung der Rechtsordnung nicht aus dem Blick geraten. Wo der Einfluss der Verfassungsgerichtsbarkeit zu groß wird, droht das Abrutschen in den Jurisdiktionsstaat[6], in dem nicht die politische Mehrheit, sondern Verfassungsgerichtsexperten gesellschaftliche Streitfragen abschließend entscheiden – eine Sorge, die auch Ernst-Wolfgang Böckenförde frühzeitig formulierte.[7] Ein Verfassungsgericht ist nicht neutral. Mit Menschen (bisweilen auch Persönlichkeiten) besetzt, ist es kein interesseloser Akteur. Es muss daher sichergestellt werden, dass der Einfluss der für lange Zeiträume amtierenden RichterInnen – in den USA werden sie gar auf Lebenszeit ernannt – gegenüber dem Gesetzgeber nicht übermäßig groß wird. Wo der politische Prozess keinen Raum zum Atmen hat, weil die Verfassung in der Interpretation der RichterInnen immer weiter materiell aufgeladen wird und zentrale Fragen dem politischen Streit verlustig gehen, kann das gravierende Legitimitätsprobleme für die politische Ordnung nach sich ziehen: Das Parlament verkommt zum Verfassungsvollzugsorgan, die Wahlentscheidung wird bedeutungslos. Das richtige Maß zwischen normativer Einhegung und politischer Freiheit zu finden, ist eine dauerhafte theoretische wie praktische Herausforderung.

DIE (FUNKTIONELLEN) BEGRENZUNGEN DER VERFASSUNGSGERICHTSARBEIT

Das wichtigste Instrument zur Bewältigung dieser Herausforderung bildet im demokratischen Verfassungsstaat der Status des Verfassungsgerichts als Gericht. Als solches kann es nicht aus eigener Initiative tätig werden. Es ist darauf angewiesen, dass es in einem der enumerativ aufgeführten Verfahrensarten angerufen wird. Interessanterweise ging es in der grundlegenden Entscheidung *Marbury v. Madison*, mit der der Supreme Court der USA im

5 Vgl. Alexander Thiele, Der konstituierte Staat, Frankfurt 2021, S. 97 ff., i. E.

6 Dazu Ran Hirschl, Towards Juristocracy. The Origins and the Consequences of the New Constitutionalism, Oxford 2007.

7 Ernst-Wolfgang Böckenförde, Gesetz und gesetzgebende Gewalt. Von den Anfängen der Staatsrechtslehre bis zur Höhe des staatsrechtlichen Positivismus, Berlin 1981, S. 402.

Jahr 1803 den Vorrang der Verfassung und das Prüfungsrecht etablierte, um exakt so einen Fall: Der Gesetzgeber hatte eine in der Verfassung nicht vorgesehene Klageart geschaffen, wodurch nach Ansicht des Supreme Court die Gewaltenteilung beeinträchtigt war. Das Gesetz war nichtig, die Klage scheiterte mangels passendem Verfahren, obwohl der Kläger in der Sache Recht hatte. Durch die Verfahrensabhängigkeit werden die Einflussmöglichkeiten des Verfassungsgerichts also begrenzt. Als Gericht ist es funktionell zudem auf die Kassation, d. h. die Nichtigerklärung der politischen Entscheidungen beschränkt. Untersagt ist ihm hingegen eine positive Gestaltung, mithin die Ersetzung der aufgehobenen Entscheidung durch eine andere. Schließlich fehlt es dem Verfassungsgericht an eigenen Vollstreckungsmöglichkeiten. Es ist darauf angewiesen, dass seine Urteile vom politischen Prozess freiwillig befolgt werden. Das wird ihm nur gelingen, wenn seine Urteile nicht als tendenziell übergriffig angesehen werden. Eine gewisse Zurückhaltung in politisch aufgeladenen Fragen entspricht damit verfassungsgerichtlicher Klugheit. Der amerikanische Supreme Court hat dazu die »political question doctrine« entwickelt. Das Bundesverfassungsgericht folgt dem nicht, betont selbst aber stets, dass es keine politisch, sondern nur rechtlich fundierte Entscheidungen trifft (beziehungsweise treffen will).

Neben diese funktionellen Beschränkungen treten zwei weitere, die verhindern sollen, dass verfassungsgerichtliche Urteile zu sehr von den politischen Ansichten der RichterInnen gefärbt werden. Zum einen sorgt die juristische Dogmatik für eine Rationalisierung und Entpolitisierung der gefundenen Auslegungsergebnisse. Die Urteile müssen sich daran messen lassen, ob beziehungsweise inwieweit sie sich als methodisch vertretbar darstellen – und der Vorwurf der methodischen Unvertretbarkeit wiegt schwer, da er die juristische Kompetenz der RichterInnen prinzipiell infrage stellt. Da die juristische Methodik bei den weit gefassten Normen einer Verfassung jedoch keine allzu strengen Vorgaben macht, mithin Raum für flexible Lösungen und politische Einflüsse lässt, ist die Versuchung gleichwohl groß, eigene Ansichten in die Verfassung hineinzulesen.[8] Hier bedarf es einer gewissen persönlichen Zurückhaltung, die sich allerdings kaum normativ regeln lässt – das Erfordernis »institutioneller Zurückhaltung«, wie es unlängst von Steven Levitsky und Daniel Ziblatt formuliert wurde, gilt auch für Verfassungsgerichte.[9] Um diese zu erleichtern, sind Verfassungsgerichte kollegial besetzt. Es entscheiden mehrere RichterInnen, die – so die Überlegung – zwar unterschiedliche politische Präferenzen aufweisen, die sich in der Beratung über die Entscheidung aber neutralisieren werden. Eine gelungene verfassungsgerichtliche Entscheidung ist denn auch vornehmlich eine, bei deren Lektüre nicht zu erkennen ist, wer

8 Dazu Alexander Thiele, Finanzaufsicht. Der Staat und die Finanzmärkte, Tübingen 2014, S. 248 ff.

9 Steven Levitsky u. Daniel Ziblatt, How Democracies Die, New York 2018.

sie verfasst hat, weil die politischen Präferenzen des Berichterstatters – also des Entwurfsverfassers – nicht durchdringen. Diese politische Unterschiedlichkeit der RichterInnen wird in Deutschland dadurch befördert, dass das Benennungsrecht zwischen den großen politischen Strömungen (zumindest faktisch) alterniert. Sollte der politische Raum mit einer verfassungsgerichtlichen Entscheidung trotz allem nicht einverstanden sein, bleibt als letzte Option die Änderung der Verfassung. Der verfassungsändernde Gesetzgeber kann den Maßstab für kommende verfassungsgerichtliche Urteile modifizieren und seinen Vorstellungen anpassen. Angesichts der besonders hohen verfahrensrechtlichen Anforderungen ist das zwar keine tagespolitische, wohl aber eine legitime Option im demokratischen Verfassungsstaat.[10]

DAS BUNDESVERFASSUNGSGERICHT ALS »ENTGRENZTES« GERICHT?

Wenngleich damit in der Theorie ein zu weitgehendes Ausgreifen der VerfassungsrichterInnen auf den politischen Prozess verhindert und das skizzierte Spannungsverhältnis ansprechend aufgelöst werden kann, zeigt sich in der Praxis, dass diese funktionellen Grenzen durchbrochen oder umgangen werden können. Dass diese Möglichkeit besteht, hängt auch damit zusammen, dass das Verfassungsgericht in den ihm vorgelegten Fragen das letzte Wort hat. Übertretungen der ihm gesetzten (funktionellen) Grenzen können nicht sanktioniert werden. Wer sollte darüber auch befinden? Mittelfristig riskiert ein solchermaßen übergriffiges Gericht zwar seine Legitimität.[11] Das erweist sich allerdings als eher schwache Begrenzung, zumal solche Effekte kaum an einzelnen Entscheidungen, sondern eher an längerfristigen Prozessen festzumachen sind. Gerade das Bundesverfassungsgericht hat die ihm eingeräumten Spielräume in dieser Hinsicht von Anfang an genutzt und nach Ansicht einiger StaatsrechtslehrerInnen bereits partiell übertreten – sie sprechen vom »entgrenzten Gericht«[12]. Der vergleichende Blick offenbart tatsächlich, dass das Bundesverfassungsgericht im politischen Prozess eine aktivere Rolle spielt als andere Verfassungsgerichte, sogar eine größere als der amerikanische Supreme Court. Wie konnte es dazu kommen? Ist diese besondere Rolle im Grundgesetz angelegt? Oder hat sich das Bundesverfassungsgericht einen Einfluss erobert, der ihm in dieser Form verfassungsrechtlich nicht zusteht?

Der Blick ins Grundgesetz hilft nur bedingt weiter. Dort finden sich zwar die einzelnen Verfahrensarten und die Möglichkeit einer Verfassungsbeschwerde spricht für eine jedenfalls erhöhte Bedeutung des Bundesverfassungsgerichts im Vergleich zu anderen Verfassungsgerichten. Genaueres

10 So auch Klaus Schlaich u. Stefan Korioth, Das Bundesverfassungsgericht. Stellung, Verfahren, Entscheidungen, München 2018, Rn. 548.

11 Vgl. Thiele, Allgemeine Staatslehre, Tübingen 2020, S. 217 ff.

12 Matthias Jestaedt u. a., Das entgrenzte Gericht, Berlin 2011.

über die Stellung des Bundesverfassungsgerichts und sein Verhältnis zum Gesetzgeber erfährt man allerdings erst durch die Betrachtung der Aufgabenwahrnehmung in der Praxis. Das ist beim Bundesverfassungsgericht nicht anders als bei anderen Staatsorganen – auch das Amtsverständnis des Bundeskanzlers wurde maßgeblich durch den ersten Amtsinhaber geprägt.

Das Bundesverfassungsgericht machte von Anfang an klar, dass es um eine machtvolle Position bemüht war. Nachdem es sich in seiner Denkschrift bereits im Jahr 1952 zum Verfassungsorgan erklärt hatte – seitdem gilt der Verfassungsgerichtspräsident protokollarisch als fünfter Repräsentant des Staates –, waren es zwei frühe Leitentscheidungen aus dem Bereich der Grundrechte, auf die die heutige Stellung zentral zurückgeht: Elfes[13] und Lüth.[14] Danach begründet das Grundgesetz einerseits einen umfassend geschützten Freiheitsraum, so dass jede belastende staatliche Maßnahme als Eingriff in Grundrechte zu interpretieren ist, andererseits strahlen die Grundrechte als Wertentscheidung in die gesamte Rechtsordnung aus. Diese Entscheidungen gelten grundrechtsdogmatisch zu Recht als Meilensteine. Als dogmatisch zwingend wird man sie gleichwohl nicht ansehen können – die Grundrechte werden trotz ähnlichen Wortlauts und vergleichbarer Funktion in anderen Staaten, nicht zuletzt den USA,[15] weniger weitreichend interpretiert. In Kombination mit der ebenfalls durch das Bundesverfassungsgericht entwickelten Lehre von den Schutzpflichten, wonach der Gesetzgeber in Grundrechte auch durch Untätigkeit einzugreifen vermag, wurde es möglich, praktisch jede politisch relevante Streitfrage, selbst solche der grundgesetzlichen Kompetenzordnung, in eine grundrechtliche umzucodieren.[16] Und für deren Beantwortung zeichnet das Bundesverfassungsgericht zuständig. Nach einer politischen Niederlage im Parlament ist der »Gang nach Karlsruhe« immer eine Option, die häufig in Anspruch genommen wird. Bei der Beantwortung obliegt es dann dem Gericht, zu entscheiden, ob es sich eher zurückhält oder im Einzelfall weitergehende Vorgaben macht, die sich (vermeintlich) dem Grundgesetz entnehmen lassen. Letzteres zeigte sich bei der Entscheidung zum Schwangerschaftsabbruch, wo der offenkundig mehrheitlich katholisch geprägte Senat entschied, dass der Schwangerschaftsabbruch vom Gesetzgeber stets als rechtswidrig angesehen werden muss.[17] Nur in besonderen Fällen dürfe die betroffene Frau als straffrei davonkommen. Diese Rechtslage, die die Situation der betroffenen Frauen kaum hinreichend zur Kenntnis nimmt, da sie stets pönalisiert werden, besteht bis heute – und könnte nur durch eine Verfassungsänderung durchbrochen werden. Lässt sie sich eindeutig dem Grundgesetz entnehmen? Eher nicht. Und hatten Gesetzgeber und Öffentlichkeit genau

13 BVerfGE 6, 32 ff.

14 BVerfGE 7, 198 ff.

15 Vgl. dazu Werner Heun, Verfassungsrecht und einfaches Recht, in: Ders., Verfassung und Verfassungsgerichtsbarkeit im Vergleich, Tübingen 2014, S. 255–285, hier S. 263 f.

16 Vgl. Heun, Der Zugang zum Bundesverfassungsgericht – Zugangsfilter, Steuerungsmöglichkeiten des Gerichts, Mobilisierung, in: Ders., Verfassung und Verfassungsgerichtsbarkeit im Vergleich, Tübingen 2014, S. 119–145, hier S. 135 ff.

17 BVerfGE 88, 203 ff.

diese Frage zuvor nicht lang und breit diskutiert und in einen nachvollziehbaren Kompromiss münden lassen? Besonders auffällig: Einer der Richter, der diese Entscheidung maßgeblich prägte, war jener streng katholische Ernst-Wolfgang Böckenförde, der alsbald vor dem Jurisdiktionsstaat warnen sollte. Das Bundesverfassungsgericht interesselos? Auch in anderen Entscheidungen hat es sich nicht damit begnügt, die vom Gesetzgeber getroffene Entscheidung nur aufzuheben. Stattdessen hat es in bisweilen erstaunlichem Umfang Vorgaben gemacht, wie eine grundgesetzkonforme Entscheidung aussehen müsste. Selbst wenn man meint, dass sich diese Vorgaben dem Grundgesetz (und nicht den politischen Vorstellungen der RichterInnen) entnehmen lassen: Als Gericht ist das Bundesverfassungsgericht funktionell auf die Kassation beschränkt. Vorgaben oder Leitlinien für kommende Entscheidungen fallen nicht in seinen Zuständigkeitsbereich. In einer Entscheidung zum Sozialrecht – es ging um das in der Menschenwürde wurzelnde Existenzminimum – entwickelte es sogar einen konkreten Verfahrensmaßstab für den Gesetzgeber und behandelte das Parlament damit »wie eine an Regeln zu bindende Behörde«.[18] Mittlerweile scheinen entsprechende Entscheidungen den politischen Prozess kaum noch zu stören. In manchen Fällen wird nachgerade sehnsüchtig auf »klare Vorgaben« aus Karlsruhe gewartet, damit die politische Debatte ein Ende findet: Politische Debatten verkümmern zum Verfassungsvollzug unter Aufsicht des Bundesverfassungsgerichts.[19] Für die Ergebnisse trägt der politische Raum keine wirkliche Verantwortung mehr. Der über die Grundrechtsinterpretation ermöglichte universelle Zugriff ermöglicht dem Gericht dadurch das Fällen hochpolitischer Entscheidungen, die man in einer demokratischen Ordnung eher dem Parlament zuweisen würde – unter Mitwirkung eines bisweilen wenig selbstbewussten Parlaments.

Aber besteht nicht die angesprochene Begrenzung auf konkrete Verfahrensarten? Durchaus. Allerdings kann die Verfassungsbeschwerde als dem bedeutendsten Verfahren von »jedermann« erhoben werden, sodass sich stets ein Kläger oder eine Klägerin finden wird. Diese müssen zwar noch weitere Voraussetzungen erfüllen. Ob diese vorliegen, entscheidet aber das Bundesverfassungsgericht, das eine bemerkenswerte Freiheit für sich beansprucht, die gesetzlichen Vorgaben flexibel anzuwenden.[20] Das belegen zentrale Entscheidungen zum europäischen Integrationsprozess, zuletzt das Urteil zum Anleihekaufprogramm der EZB.[21] Welches deutsche Grundrecht sollte die EZB durch ihr Kaufprogramm verletzt haben? Ein ähnliches Vorgehen gegen Maßnahmen der Bundesbank hat es in Deutschland noch nie gegeben, aus gutem Grund: Wie das Bundesverfassungsgericht immer

18 Möllers, S. 385.

19 Thiele, Verlustdemokratie, Tübingen 2018, S. 168.

20 Möllers, S. 291 f.

21 BVerfG, Urteil v. 5.5.2020, 2 BvR 859/15 u. a.

wieder betont, kennt das Grundgesetz keinen allgemeinen Kompetenzeinhaltungsanspruch. Eine Klage gegen die Bundesbank hätte die Hürde der Zulässigkeit nicht genommen. Wie konnte dann der europäische Fall das Bundesverfassungsgericht erreichen? Die Antwort überrascht: Nach Ansicht des Gerichts waren die KlägerInnen in ihrem Wahlrecht aus Art. 38 Abs. 1 GG verletzt. Das wirkt nicht nur weit hergeholt, zahlreiche StaatsrechtslehrerInnen halten diesen Weg für dogmatisch – euphemistisch gesprochen – mehr als fragwürdig.[22] Die Argumentation geht so: Das Wahlrecht eröffnet den BürgerInnen nicht nur das formale Wahlrecht, es hat vielmehr auch eine materielle Komponente. Der Bundestag muss stets Aufgaben von einigem Gewicht haben, da das Wahlrecht andernfalls zur leeren Hülle verkäme. Wenn die EZB Aufgaben wahrnimmt, die ihr nicht zustehen, greift sie in den Kompetenzbereich der Mitgliedstaaten, ergo des Bundestages ein. Damit wird zugleich das Wahlrecht der BürgerInnen verletzt. Der Weg zur verfassungsgerichtlichen Kontrolle ist frei. Lässt sich diese Konstruktion auf das Grundgesetz zurückführen? Schwierig. Wird man von einer übergriffigen Entscheidung sprechen müssen, die erfolgte, um sich den Entscheidungszugriff auf die europäische Integration zu sichern? Schon eher, zumal nicht klar ist, warum diese Argumentation innerhalb Deutschlands weiterhin nicht gelten soll. Warum kann ich als BürgerIn nicht klagen, wenn die Bundesregierung Rechte des Parlaments verletzt? Dogmatisch ist das schwer nachvollziehbar. Auch inhaltlich erscheint das Urteil des Bundesverfassungsgerichts angreifbar. Die Begründung stützt sich im Hinblick auf die ökonomische Einordnung des Anleihekaufprogramms und die damit einhergehenden (negativen) Auswirkungen einseitig auf eine bestimmte ordoliberale Ansicht. Diese Ansicht ist ökonomisch zweifellos vertretbar. Das genügt jedoch nicht, um andere ökonomische Ansichten zu dieser Frage auch verfassungsrechtlich zu verwerfen. Oder anders gewendet: Woraus ergibt sich, dass ausgerechnet diese Ansichten und nicht die zahlreichen anderen in der Ökonomie vertretenen dem Grundgesetz zugrunde liegen? Wieso sollte das Grundgesetz auf eine bestimmte ökonomische Richtung festgelegt sein? Vieles spricht dafür, dass das Grundgesetz umstrittene ökonomische Fragen nicht abschließend entscheiden wollte (warum auch?) und dass es insofern eher die ökonomische Ansicht der RichterInnen war, die hier ausschlaggebend war. Dass sich die Ökonomie in den entscheidenden Fragen des Urteils alles andere als einig ist, wird in den Entscheidungsgründen jedenfalls nicht erkennbar. Das Grundgesetz wird damit weniger aus-, denn eingelegt, und zwar mit der (willkürlichen) Vorstellung der RichterInnen über vernünftiges Zentralbankhandeln.

22 Zu dieser Kritik siehe Schlaich u. Korioth, Rn. 360c m.w.N.

Immerhin, wir haben es bei der Entscheidung zum Schwangerschaftsabbruch gesehen, bliebe die Verfassungsänderung. Gerade in Europaangelegenheiten liegt dieser Weg nahe. Wäre das ein Ausweg, um die europäische Integration wieder in die politischen Hände zu überführen? Tatsächlich ist auch dieser Weg versperrt, da das Bundesverfassungsgericht seine Interpretation der Integrationsgrenzen als Bestandteile der änderungsfesten Ewigkeitsgarantie des Art. 79 Abs. 3 GG ansieht. Diese »Ewigkeitsgarantie« darf durch gewöhnliche Verfassungsänderungen nicht angetastet werden. Die Entscheidung des Bundesverfassungsgerichts wird damit selbst gegenüber dem verfassungsändernden Gesetzgeber immunisiert. Möglich bliebe nur die Verabschiedung einer gänzlich neuen Verfassung nach Art. 146 GG, die »legale Revolution« – kaum eine ernsthafte Option. Wenn Entscheidungen des Bundesverfassungsgerichts in letzter Zeit auch in anderen Bereichen zunehmend auf Art. 1 Abs. 1 GG (also die Menschenwürde) i.V.m. Art. 79 Abs. 3 GG gestützt werden, wird man das aus demokratietheoretischer Sicht kritisch sehen müssen. Dahinter steckt möglicherweise mehr institutionelle Machtausübung, denn überzeugende Grundrechtsinterpretation. Jede Entscheidung, die abschließend in Karlsruhe entschieden wird, ist dem politischen Prozess entzogen. Sollte es aber nicht beispielsweise möglich sein, über die Option eines Abschusses eines von Terroristen entführten Flugzeugs im politischen Primärstreitraum zu debattieren? Nach Ansicht des Bundesverfassungsgerichts jedenfalls nicht.

AUSBLICK

Wie wird man die Stellung des Bundesverfassungsgerichts abschließend bewerten? Befinden wir uns schon in einer Verfassungsgerichtsexpertokratie, dem Jurisdiktionsstaat? Das wird man nicht sagen können. In den überwiegenden Fällen ist sich das Bundesverfassungsgericht seiner besonderen Rolle bewusst und es hat gerade in der Anfangszeit der Bundesrepublik zu ihrer Stabilität signifikant beigetragen. Es genießt zu Recht großes Vertrauen in der Bevölkerung. Dennoch gilt es, immer wieder auf die Problematik aufmerksam zu machen, die mit einer zu weitgehenden Konstitutionalisierung des politischen Raumes einhergehen kann.[23] Die Demokratie lebt vom steten Ringen um die richtige Lösung, dem Suchen nach Kompromissen, die nicht immer zu kohärenten Entscheidungen führen. Es geht nicht um die Ermittlung eindeutiger Wahrheiten, jede getroffene Entscheidung soll durch andere Mehrheiten aufgehoben und angepasst werden können – und kann es auch. Das Recht denkt in anderen, systematischeren Kategorien, folgt anderen Rationalitäten und ist weniger ambivalent: Was das Recht sagt, das sagt es in

23 Vgl. auch Schlaich u. Korioth, Rn. 548.

der Regel endgültig, sofern es nicht verändert wird. Das aber setzt bei Urteilen des Verfassungsgerichts eine Änderung der Verfassung voraus und auch die ist ausgeschlossen, wo die Ewigkeitsgarantie berührt ist. Eine demokratische Ordnung und mit ihr ein Verfassungsgericht tun daher gut daran, dem politischen Streit ausreichend Raum zu geben und die vorgesehenen demokratischen Sanktionsmechanismen – insbesondere die Abwahl – wirken zu lassen. Das setzt auf Seiten des Bundesverfassungsgerichts und damit der RichterInnen eine gewisse Zurückhaltung bei der Etablierung unumstößlicher rechtlicher Eindeutigkeiten voraus. Sie dürfen nicht der Versuchung unterliegen, ihre Position dafür zu nutzen, eigene Vorstellungen von einem guten Leben über ihre Interpretation der Verfassung für allgemeinverbindlich zu erklären, und müssen sich der funktionellen Unterschiede zu ihren vorherigen (wissenschaftlichen) Tätigkeiten sowie der Offenheit der Verfassung bewusst sein. Letzte Antworten will eine Verfassung (wenn überhaupt) nur selten geben. Allerdings dürfen zugleich weder die politische noch die gesellschaftliche Ebene verfehlte Erwartungen an das Bundesverfassungsgericht richten. Wenn es sich mit einer Entscheidung zurückhält und auf die Ambivalenz des Verfassungstextes verweist, ist das keine »Drückebergerei«, sondern Auftrag an die politischen Instanzen, ihren Job zu machen und zugleich die Mahnung, es nicht mit Fragen zu beschäftigen, die es institutionell überfordern. Wer das Bundesverfassungsgericht ständig fragt, wird auch eine Antwort erhalten. Im politischen Prozess sollte der »Gang nach Karlsruhe« für die politisch unterlegene Partei nicht zur Routine werden, um die Vermischung politischer und rechtlicher Rationalitäten nicht unnötig zu befeuern. In dem aktuell großen Vertrauen in das Bundesverfassungsgericht, dem ständigen Fragen, könnte sich insofern ein ebenso großes Misstrauen in notwendige und bisweilen anstrengende demokratische Prozesse offenbaren. Den vermeintlich »neutralen« VerfassungsexpertInnen traut man angesichts des Wunsches nach letzter Gewissheit mehr zu als gewählten PolitikerInnen.[24] Für die Demokratie wäre das kein guter Befund.

24 Ähnlich bereits Möllers, S. 297.

Prof. Dr. Alexander Thiele, geb. 1979, ist akademischer Rat a. Z. an der Universität Göttingen und vertritt zurzeit einen Lehrstuhl für Öffentliches Recht und Staatsphilosophie an der LMU München.

DIREKTE TECHNOKRATIE

WAS WIR VON DER SCHWEIZ UND SINGAPUR LERNEN KÖNNEN[1]

Ξ Parag Khanna

Die letzte Umfrage im Rahmen des World Values Survey verdeutlicht, dass der Anteil der Menschen in Europa, für die es »von wesentlicher Bedeutung ist, in einer Demokratie zu leben«, seit dem Zweiten Weltkrieg von zwei Dritteln auf unter ein Drittel gesunken ist. Gleichzeitig ist der Anteil derjenigen, die glauben, Experten sollten statt Regierungen entscheiden, was das Beste für das Land ist, von 32 Prozent auf 49 Prozent gestiegen. Die Bürger der westlichen Welt eint das Bedürfnis nach besseren Regierungen, die Demokratie und Technokratie in Einklang bringen.

Den besten Regierungen gelingen drei Dinge gut: Sie reagieren effizient auf die Bedürfnisse und Vorlieben ihrer Bürger, sie lernen bei der Ausarbeitung politischer Maßnahmen aus internationalen Erfahrungen und sie nutzen Daten und Szenarien für die langfristige Planung. Wenn alles richtig gemacht wird, verbinden solche Regierungen die Tugenden der demokratischen Inklusion mit der Wirksamkeit eines technokratischen Verwaltungswesens. Die daraus resultierende ideale Regierungsform nenne ich »direkte Technokratie«.

»Direkte Technokratie« verbindet unseren Erfahrungsschatz und unsere Vorstellungen von der Gestaltung einer wirksamen Regierung im Dienste des Volkes. Da keine einzelne Regierung sämtliche dieser Tugenden verkörpert, werden hier die führenden Archetypen in den Blick genommen: die authentischste Demokratie der Welt (die Schweiz) und die am meisten bewunderte Technokratie (Singapur). Damit soll aufgezeigt werden, was wir von der guten Regierungsführung in diesen und anderen Kleinstaaten lernen können.

DER GEHEIME SCHLÜSSEL ZUM ERFOLG

Manchmal spielen sich die gesellschaftlich bedeutendsten Ereignisse ganz im Verborgenen ab. Jedes Jahr lädt eine private Familienstiftung in einem exklusiven Spa-Resort in den Alpen die einflussreichsten Akteure der Schweiz aus Politik, Wirtschaft und Wissenschaft ein, um aktuelle Anliegen zu diskutieren und Strategiepläne für Wirtschaftsinitiativen, diplomatische Beziehungen, Stadtplanungsprojekte und andere Themen von nationaler Geltung auszuarbeiten. Im Frühjahr 2014 nahmen an diesem Treffen mehrere Mitglieder

1 Gekürzter und redaktionell überarbeiteter Auszug aus: Parag Khanna, Jenseits von Demokratie. Regieren im Zeitalter des Populismus, Zürich 2017.

der Bundesversammlung, Spitzenvertreter sämtlicher politischen Parteien, Regierungsberater, Zeitungsverleger, Direktoren von Privatbanken, prominente Natur- und Geisteswissenschaftler sowie einige ausländische Gäste teil. Nach mehreren Präsentationen versammelten sich Kleingruppen zum Brainstorming und füllten eifrig Flipcharts mit Kästchen und Pfeilen. Anschließend sollte jede Gruppe ihre Analysen und Empfehlungen vortragen. Im Laufe der Diskussion verlor ein erfahrener Parlamentarier die Geduld. »Was soll denn daran kreativ sein? Wir sind doch nicht hier, um uns selbstzufrieden den Bauch zu pinseln«, ermahnte er. »Ich will Quantensprünge sehen!«

Selten gehen nationale Eliten derart hart mit sich ins Gericht - und jetzt ausgerechnet die Schweiz. Sie rangiert in fast allen globalen Rankings zu Wohlstand, Wettbewerbsfähigkeit, Lebensqualität, Innovation und zahlreichen anderen Indikatoren weit vorne und könnte sich deshalb eigentlich beglückwünschen. Aber die Kardinaltugend der Schweiz ist ihre Eigenständigkeit. Gerade weil es sich um ein kleines und verwundbares Land handelt, verteidigt es seit Jahrhunderten energisch seine Unabhängigkeit und Neutralität - allen Turbulenzen in Europa zum Trotz. Zu Beginn des 20. Jahrhunderts ließ sich der Völkerbund in der Schweiz nieder, hier befindet sich auch der Hauptsitz der Vereinten Nationen in Europa - obwohl die Schweiz selbst der UNO erst 2002 beitrat. Das Land liegt zwar im Herzen der Europäischen Union, wird dort aber aller Voraussicht nach niemals Mitglied werden. Die zentrale Devise, die bei dem Treffen 2014 mehrfach geäußert wurde, lautete »Integrieren heißt kapitulieren!« Einfacher ausgedrückt: »Integration ist etwas für Verlierer.«

Diese strategische Paranoia, die ihre Führungsriege antreibt, teilt die Schweiz mit mindestens einem anderen Land - nämlich Singapur, das 2014 als Gastland für das Alpentreffen auserkoren wurde. Dass die Schweiz und Singapur gut für die Zukunft aufgestellt sind, lässt sich aus der Tatsache ableiten, dass es sich um die beiden einzigen Länder der Welt handelt, die auf allen folgenden Rankings vorderste Plätze belegen: dem Global Competitiveness Index, dem Infrastructure Quality Index und dem Sustained Prosperity Index des WEF, dem Global Innovation Index der INSEAD und dem Government Effectiveness Index der Weltbank. Diese beiden kleinen Staaten haben sich zu globalen Vorbildern für Gesundheit und Wohlstand, niedrige Korruption und hohe Beschäftigungsquoten entwickelt.

Oberflächlich betrachtet scheint es kaum zwei andere Länder auf der Welt zu geben, die sich so wenig ähneln wie die Schweiz und Singapur. Die Schweiz ist eine 700 Jahre alte europäische Demokratie, Singapur eine asiatische Technokratie, die 2015 erst fünfzig Jahre alt wurde. Die Schweiz ist der

Inbegriff einer Demokratie von unten: Selbst über strategische Entscheidungen, die das gesamte Land betreffen, muss lokal abgestimmt werden, und das Staatsinteresse darf nicht vom Willen des Volkes abweichen. Die Schweiz ist so dezentralisiert, dass es keinen einzelnen Präsidenten (oder Staatschef) gibt, sondern einen Bundesrat mit sieben Mitgliedern, dessen Vorsitz jährlich wechselt. (Die meisten Schweizer kennen kaum drei der sieben Mitglieder mit Namen.) Im Gegensatz dazu steht Singapur als Synonym für einen Top-down-Ansatz, wonach die Regierung alles am besten weiß. Die Gestaltung der Politik lag schon immer in der Hand von Technokraten – und somit außerhalb der Kontrolle durch die Öffentlichkeit. Lee Kuan Yew, der Staatsgründer Singapurs, lenkte die Geschicke des Landes vierzig Jahre lang bis ins letzte Detail; derzeit ist sein Sohn Lee Hsien Loong der Premierminister des Landes.

Die ideale Regierungsform für das 21. Jahrhundert ergibt sich aus einer Kombination der Schweizer direkten Demokratie und der singapurischen Technokratie: eine direkte Technokratie. Lebte Platon heute noch, wären die gebildeten und aktiven Schweizer seine Idealbürger, die systematisch geschulten Technokraten Singapurs die »Wächter«. Eine Mischform beider Systeme wäre die langweiligste, aber effektivste Herrschaftsform der Welt – also genau das, was jedes Land anstreben sollte.

Sicher, beides sind Kleinstaaten, und ihre Geschichte unterscheidet sich deutlich von derjenigen der USA oder der EU. Aber das spielt keine Rolle. Sicher, es gibt kein allgemeingültiges Politikmodell für unsere Welt; aber alle großen Staaten können bei der Entwicklung besserer Governance-Formen von der Symbiose zwischen Demokratie und Daten in der Schweiz und in Singapur lernen.

EIN NEUER STAAT FÜR EINE NEUE ÄRA

Die Suche nach der idealen Staatsform, die am besten zur jeweiligen Zeit passt, ist kein Zeitvertreib für selbstgefällige Philosophen, sondern eine wiederkehrende Notwendigkeit. Die meisten Regierungen sind heute nicht zu viel mehr in der Lage, als planlos auf Ereignisse zu reagieren. Die Finanzkrise in den USA beispielsweise wurde durch Finanz-Trickserei verursacht – und um aus dieser Krise hinauszukommen, wendete man wiederum Finanz-Trickserei an. Aber dabei ging es nicht nur um Zahlen: Es gab verheerende Auswirkungen auf die Menschen, die sich in Form von sozialen Verwerfungen, aufgeschobener Pensionierung und einem Verlust an nationaler Moral manifestierten – ein wesentlicher Faktor für den Aufstieg Donald Trumps.

Hinzu gesellen sich immer größere Risiken: geopolitische Auseinandersetzungen und Cyberkriege, grenzüberschreitend agierende terroristische und kriminelle Vereinigungen, wirtschaftlicher Wettbewerb und Protektionismus, Klimawandel und Naturkatastrophen sowie neue Technologien, die unseren gewohnten Alltag durcheinanderbringen. Und die Corona-Pandemie hat mit besonderer Schlagkraft daran erinnert: Alle Gesellschaften müssen immerzu auf der Hut sein.

In Info-Staaten wie der Schweiz und Singapur kann man auch die gelungensten Ansätze von direkter Technokratie beobachten. Statt allein auf Basis eines in der Vergangenheit liegenden Wählerauftrags zu regieren, konsultieren sie ihre Bürger in Echtzeit: durch Volksabstimmungen und Petitionen, Umfragen und öffentliche Workshops. Der Info-Staat kann somit verstanden werden als postmoderne Demokratie (oder »Post-Demokratie«), die gesellschaftliche Prioritäten mit technokratischem Management kombiniert. Rund um den Globus experimentieren demokratische wie nicht-demokratische Länder bereits mit direkter Technokratie, etwa Estland, Israel, die Vereinigten Arabischen Emirate, Ruanda, Indien oder China. Die Regierungen von Info-Staaten verfolgen also keine einheitliche Agenda; ihre Aufgabe besteht darin, in sämtlichen Bereichen immer besser zu werden – ohne Wenn und Aber. Ihre einzige Ideologie ist Pragmatismus.

Analog zur biologischen Evolution entwickeln sich auch Governance-Modelle im Laufe der Zeit über Anpassung, Veränderung und Nachahmung. Je vernetzter und komplexer die Welt wird, je dezentralisierter und gesättigter mit Daten, desto höher wird das Ansehen des Modells Info-Staat steigen. Der globale politische Diskurs verschiebt sich auf ein post-ideologisches Terrain, wo Leistung – basierend auf der Zufriedenheit der Bürger und internationalen Maßstäben – den Erfolg definiert. Alle Gesellschaften wünschen sich ein ausgewogenes Verhältnis von Wohlstand und Lebensqualität, Offenheit und Schutz, wirksamer Governance und Mitsprache, Individualismus und Zusammenhalt, Wahlfreiheit und Wohlfahrt. Normale Menschen messen dies nicht daran, wie »demokratisch« ihr Staat ist, sondern daran, ob sie sich in ihren Städten sicher fühlen, ob der Wohnraum bezahlbar ist und die Arbeitsverhältnisse stabil sind, ob für ihre Pension vorgesorgt wird und man mit Freunden und der Familie Kontakt halten kann. Der Ländervergleich allein nach BIP pro Kopf ist mittlerweile nicht viel mehr als statistisches Beiwerk neben diesen sehr viel greifbareren Aspekten der Lebensqualität. Wir beginnen allmählich zu begreifen, dass der Erfolg oder das Scheitern von Ländern sich heute nicht mehr an Gegensatzpaaren wie »arm und reich«, »links und rechts«, »demokratisch und autoritär« festmachen lässt, sondern sich danach bemisst, ob Länder in der Lage sind, die Grundbedürfnisse ihrer Bürger zu befriedigen, sie in ihrer Individualität zu stärken und bei Bedarf zu handeln oder den Kurs zu ändern. Alles andere ist Augenwischerei.

VON DEMOKRATIE ZU GUTER GOVERNANCE

Seit dem Ende des Kalten Krieges ist die Ausbreitung der Demokratie ins Stocken geraten. Hausgemachte Probleme sind die Hauptursachen hierfür: Regierungen von Argentinien bis Ungarn sind (oder waren) von Populisten durchsetzt, in Russland, der Türkei und Venezuela hat eine nationalistisch geprägte Politik des starken Mannes Einzug gehalten, Staatsstreiche und Korruption haben Pakistan, Nigeria und andere Staaten in ihrer Entwicklung behindert. Nach Larry Diamond, Professor in Stanford, hat sich die Quote der »zusammengebrochenen Demokratien« von 1999 bis 2011 im Vergleich zum Zeitraum 1986 bis 1998 verdoppelt. Der Freedom House Report 2014 kommt zu dem Ergebnis, dass sich politische und bürgerliche Rechte in 54 Ländern rückläufig entwickeln. Die meisten Länder der Welt sind dem Namen nach immer noch Wahldemokratien. Umso mehr Demokratien es aber gibt, desto schlechter wird das Image des Begriffs Demokratie.

Die Einordnung eines Landes als »Demokratie« sagt immer weniger darüber aus, wie – oder wie gut – dieses Land geführt wird. Umfragen belegen sogar, dass es in der heutigen Zeit die Bürger demokratischer Länder von Mexiko bis Italien sind, die ihren Politikern am wenigsten Vertrauen und Respekt entgegenbringen. In Ländern wie Iran und Russland dienen Wahlen lediglich als Beschwichtigungsmittel und Ablassventil, mit denen Regime sich einen gewissen Freiraum erkaufen.[2] Die klassische Definition der Rechtsstaatlichkeit besagt, dass die Exekutive nur im Rahmen des Rechts handeln darf. Oft hingegen missbrauchen Regierungen die Gesetze als Machtmittel. Über die Hälfte aller Russen ist der Meinung, Putins Regierungspartei sei voller »korrupter Diebe«. In Brasilien hat die aufstrebende Mittelschicht gegen ihre demokratisch gewählte, aber inkompetente Kleptokratie rebelliert. Demokratische Wahlen allein sind eindeutig nicht ausreichend, um eine verantwortungsvolle Governance zu gewährleisten.

Auch in Asien sind demokratische Abstimmungen eher eine Übung in Stimmenkauf als ein Zeichen von politischem Fortschritt. Indien, die bevölkerungsreichste Demokratie der Welt, war lange Zeit berüchtigt für das Phänomen, dass Wahlen wie Auktionen inszeniert wurden: ein raffiniertes und dennoch primitives Wettrüsten um den Stimmenkauf mit Reissäcken oder Flachbildfernsehern – bevorzugt entlang ethnischer Grenzen.[3] In Bangladesch ähnelt Demokratie ebenfalls eher einem endlosen Pokerspiel zwischen den beiden regierenden Familien, die nach jedem Machtwechsel ihre

2 Das Phänomen, dass demokratisch gewählte Regime ihre Regierungsmacht zur Schwächung der Opposition und Festigung der eigenen Position missbrauchen, haben die Wissenschaftler Steven Levitsky und Lucan Way mit dem passenden Namen »kompetitiver Autoritarismus« beschrieben.

3 Vgl. Kanchan Chandra, Why Ethnic Parties Succeed. Patronage and Ethnic Headcounts in India, Cambridge 2004.

Kontrollmöglichkeiten über Ministerien und Gerichte einsetzen, um die jeweils andere Familie zu schwächen. Nur in einem Punkt besteht Einigkeit: bei der Durchsetzung von Gesetzen, die richterliche Unabhängigkeit und Pressefreiheit beschneiden.

So sieht die »demokratische« Realität für die meisten Völker der Welt aus, die in dem Namen nach demokratischen Staaten leben – was wenig mit der Vision der Gründungsväter der USA gemein hat. Nur wenige Menschen in diesen Ländern glauben ernsthaft, ihre Demokratien funktionierten gut, und diesem Irrglauben sollten sich auch die Bürger der westlichen Welt nicht hingeben.

Stellen Sie sich vor, Sie übernehmen die Präsidentschaft eines jungen und bevölkerungsreichen postkolonialen Staates in Asien, Afrika oder der arabischen Welt – also einer der Regionen, wo der größte Teil der Weltbevölkerung lebt. Welches Staatsmodell würden Sie nachbilden wollen: China oder Indien? Singapur oder die Philippinen? Vietnam oder Indonesien? Aufstrebende Gesellschaften würden sich sicherlich eher an besser verwalteten Technokratien als an schwächelnden Demokratien orientieren. Damit ist nicht nur Singapur gemeint, sondern auch Malaysia, Vietnam und Thailand. Malaysia krankt zwar an Korruption, ist aber ein stabiler und moderner Vielvölkerstaat mit einer Infrastruktur der Ersten Welt und zunehmendem Wohlstand. In Vietnam herrscht zwar ein Einparteienregime, aber das Land wurde massiv modernisiert und konnte Armut bekämpfen. Die einströmenden Auslandsinvestitionen schaffen Arbeitsplätze für die hart arbeitende und geschulte Bevölkerung. Nach dem Putsch 2014 in Thailand löste eine Militärjunta die inkompetente demokratische Führung ab. 2016 befürworteten die Thailänder per Verfassungsreferendum eine dauerhafte politische Rolle für das Militär. Diese Staaten verkörpern keine idealen Regime, aber sie sind denen in Bangladesch oder Indonesien meilenweit überlegen.

Gerade weil Indien, Indonesien und die Philippinen jahrzehntelang kaum erwähnenswerte oder schändliche Regierungen ertragen mussten, wählten diese Länder in jüngster Zeit Führer mit explizit technokratischen Ambitionen. Inder, Indonesier und Philippiner geben sich nicht länger damit zufrieden, Teil dynamischer Handelsgesellschaften zu sein, deren Regierungen versagen. Sie waren die bevormundenden Klischees darüber leid, wie gut sie trotz ihrer Führungen gedeihen, und wählten deshalb Regierungen mit einer geradlinigen Agenda und den Schwerpunkten Infrastruktur, Arbeitsplätze, Bildung und Technologie.

Und auch das ist für westliche Staaten ein wichtiges Argument dafür, die neue normative Macht der Technokratie zu begreifen: Sie gestaltet die Zukunft der Super-Region Asien. In ganz Asien setzen Gesellschaften auf Technokratie, wenn sie erkennen, dass Demokratie kein Garant für den Erfolg einer Nation ist. Nicht selten werden Demokratien ihrer selbst überdrüssig und stimmen für Technokratie. Denken Sie einen Moment darüber nach: In den drei genannten Ländern gab es zumindest eine Generation lang funktionsfähige Demokratien. Aber erst jetzt rücken sie mit ihren fortschrittlichen digitalen Ausweisen, Bürokratieabbau und der Etablierung von Sonderwirtschaftszonen in den Blickpunkt der Weltöffentlichkeit – also mit Ideen, die technokratische Führungen entworfen haben. Ostasiatische Gesellschaften sind modern und zunehmend liberaler eingestellt; deshalb werden sie bessere Governance-Formen entwickeln, die politische Offenheit und zielorientierte Technokratie in Einklang bringen.

Für die asiatischen Völker war es höchste Zeit für den Aufstieg gewählter Technokraten. Narendra Modi in Indien und Joko Widodo in Indonesien waren früher Gouverneure in Provinzen, wo sie mit regionalen Bedürfnissen konfrontiert wurden und Ideen testen konnten. Sie sollten uns in Erinnerung rufen, dass Führer mit praktischer Regierungserfahrung repräsentativen Politikern fast immer überlegen sind – und dass auch arme Menschen, die nicht der Elite angehören, gute Technokraten sein können. Es ist allgemein bekannt, dass Modi, den die Demokratie an die Spitze des Staates brachte, von Hause aus ein Technokrat ist: mit praktischer Arbeit vertraut, seit er als Kind am Teestand seines Vaters mithalf. Er verschwendet keine Zeit mit banalem Unsinn wie den »Ersten hundert Tagen« und rief zum Tod von Lee Kuan Yew 2015 einen nationalen Trauertag in Indien aus.

Die neuen indischen Technokraten haben erkannt, was es bedeutet, dass ihr Land, anders als China, vor dem Aufbau einer nationalen Einheit einen Prozess der politischen Dezentralisierung durchlaufen hat: Im Endeffekt ist das Land sehr viel weniger als die Summe seiner Teile. Immer wieder haben wechselnde Regierungen sich die Loyalität der Provinzen erkauft, was letzten Endes nur zu einer weiteren Zersplitterung führte. Als Indien unabhängig wurde, gab es nur 14 Provinzen; heute sind es 29. Modi ist nicht darauf aus, demokratische Prozesse auszuhebeln. Sein Ziel ist es, die lähmenden Auswirkungen der Dezentralisierung auf Modernisierungsvorhaben mit Ausgaben in Höhe von 150 Milliarden Dollar für Bahnlinien zu kompensieren, eine staatliche Steuer für Waren und Dienstleistungen durchzubringen und Kampagnen ins Leben zu rufen, die propagieren, dass Toiletten wichtiger als Tempel sind. Trotz all seiner Schwächen ist Modis technokratisches Mantra für Indien ein riesiger Schritt nach vorne: »So wenig Regierung und so viel Governance wie möglich«.

In ihrer tiefen Selbstzufriedenheit verwechselt die westliche Welt Politik mit Governance, demokratische Teilhabe mit bedarfsorientierter Umsetzung von Maßnahmen und Prozesse mit Ergebnissen. Aber es ist nicht »der Wille des Volkes«, seine Wünsche andauernd zu wiederholen, ohne Ergebnisse zu sehen. Der spektakuläre Aufstieg Chinas im Vergleich zu Demokratien wie Indien hat der Welt gezeigt, dass undemokratische Systeme, die sich auf Ergebnisse konzentrieren, besser sind als Systeme, die so überdemokratisch sind, dass keine Ergebnisse zustande kommen können. Wenn eine Demokratie bewundert werden will, muss sie Ergebnisse vorweisen. Wahlen sind dabei ein Instrument von Kontrolle und Rechenschaft, aber kein Ergebnis. Die Input-Legitimität der Demokratie kann die Output-Legitimität gesicherter Grundbedürfnisse niemals kompensieren. Gute Technokratien konzentrieren sich gleichermaßen auf Inputs wie Outputs. Ihre Legitimität leitet sich sowohl aus den Verfahren ab, über die eine Regierung gewählt wird, als auch aus der Bereitstellung dessen, was Bürger sich überall in der Welt wünschen: solide Infrastrukturen, öffentliche Sicherheit, reine Luft und sauberes Wasser, zuverlässige Verkehrssysteme, Unternehmensfreundlichkeit, gute Schulen, hochwertigen Wohnraum, verlässliche Kinderbetreuung, Meinungsfreiheit, Zugang zum Arbeitsmarkt usw. Die technokratische Denkweise begreift Verzögerungen bei der Bereitstellung dieser Dinge als eine spezielle Form der Korruption. Statt fortwährend anderen den Schwarzen Peter zuzuschieben und Stillstand als Norm zu akzeptieren, suchen gute Technokratien permanent nach Lösungen für ihre Probleme.

Wenn wir aufhören, Demokratie zu predigen, und stattdessen fragen, welchen Kurs eine Regierung einschlagen muss, damit sie ihre eigentlichen Aufgaben erledigen kann und ihrem Volk nicht länger unnötiges Leid bereitet, befassen wir uns nicht mehr mit der Gestaltung der äußeren Form, sondern wenden uns den Inhalten zu. Auf lange Sicht ist die Governance-Qualität wichtiger als die Herrschaftsform. Aus ebendiesem Grund entschuldigen sich weder die Regierungen noch die Bürger von Ländern wie China oder Singapur in irgendeiner Weise dafür, erfolgreich zu sein, obwohl sie keine westlichen Modelle nachahmen. Warum sollten sie das auch tun, wo doch heute Bürger demokratischer Staaten viel eindringlicher mehr Technokratie einfordern als umgekehrt Bürger technokratischer Staaten mehr Demokratie?

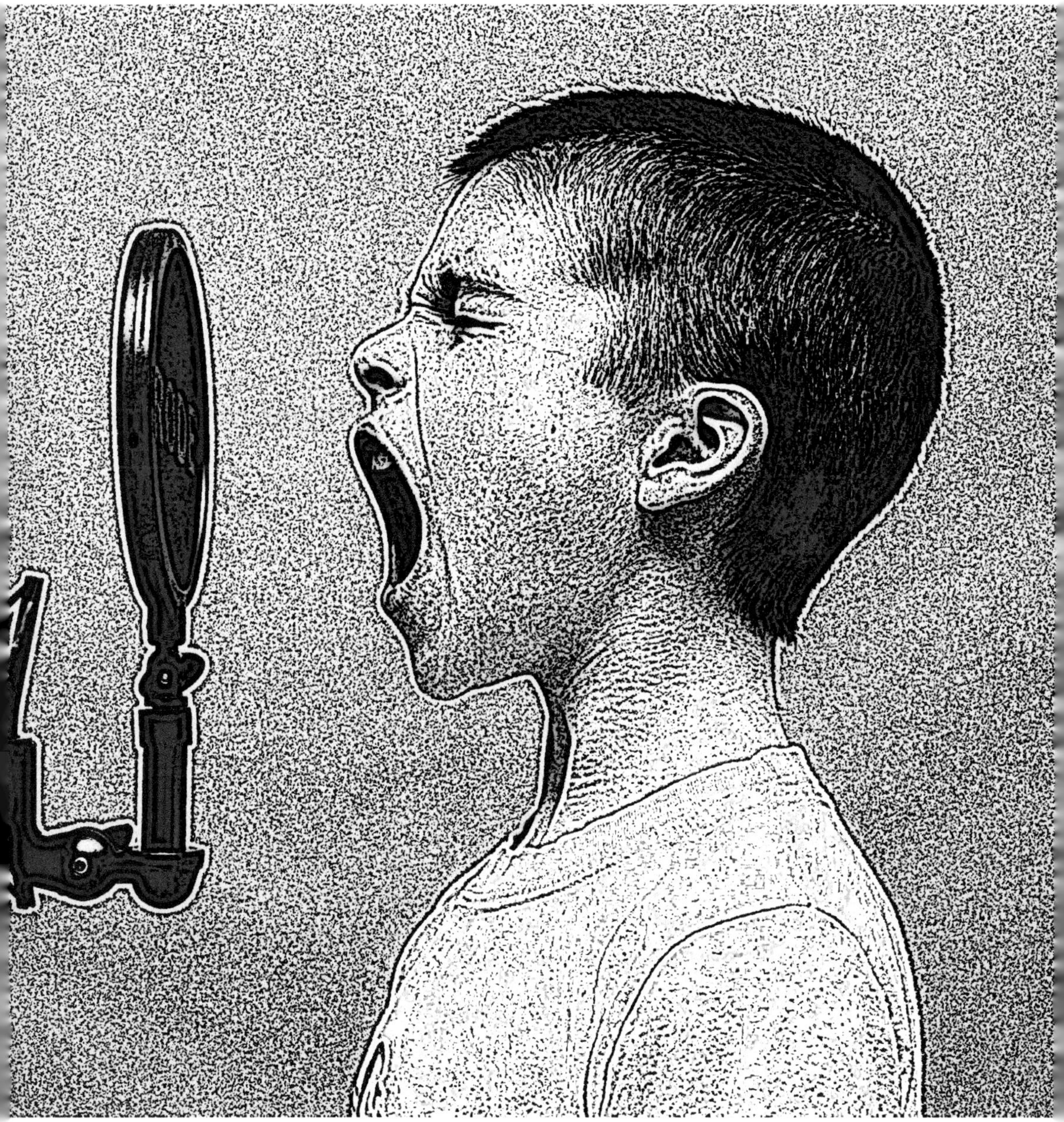

Daraus darf man keinesfalls schließen, Demokratie an sich sei nicht erstrebenswert: Demokratie ist nicht nur eine entscheidende Legitimationsgrundlage, sondern auch eine tragende Säule erfolgreicher Technokratien. Man sollte Demokratie allerdings nicht als Universallösung betrachten, sondern als Prinzip, das es auf dem Weg zum übergeordneten Ziel der guten Governance zu beachten gilt. In allen modernen Gesellschaften finden sich Elemente einer guten Governance, darunter die Rechenschaftspflicht der Führung, nationale Stabilität, politische Inklusion, effektive Dienstleistungsbereitstellung, Regulierungsqualität, transparente Rechtsstaatlichkeit, niedrige Korruption, unparteiische Judikative, bürgerliche Freiheiten, der Schutz von Rechten und das Ermöglichen von Geschäftschancen. Ausschlaggebend ist die Durchführung, die sich unter anderem bestimmen lässt aus Kennzahlen zu Gesetzgebungsverfahren, zur Unabhängigkeit des Verwaltungswesens und zur Wirksamkeit der Umsetzung politischer Maßnahmen.

Erfolgreiche Regierungen zeichnen sich auch aus durch ihr Anpassungsvermögen an Umstände, die sich schnell verändern. Gute Governance erfordert ein Verständnis für komplexe globale Trends und die Entwicklung weitsichtiger Strategien mit beschleunigter Entscheidungsfindung – Demokratie tut sich in keinem dieser Punkte besonders hervor. In der Vergangenheit wurde Technokraten oft vorgehalten, sie seien nicht in der Lage, komplexe Sachverhalte in den Griff zu bekommen. Heute sind es die demokratischen Systeme, denen es nicht gelingt, sich an neue Realitäten anzupassen. Tatsächlich haben technokratische Regime der heutigen Zeit wenig gemein mit den Vorstellungen, die mit diesem Begriff vor ein oder zwei Generationen verknüpft waren. Es handelt sich weder um Maos Personenkult noch um die sowjetische Planwirtschaft. Technokratische Systeme sind eher bürgerlich als militärisch, eher inklusiv als elitär, eher informationsbasiert als dogmatisch, und eher transparent als undurchsichtig. Selbst die älteste Demokratie der Welt ist technokratischer, als man denkt.

DIE SCHWEIZ: ZU KLEIN ZUM SCHEITERN

Die Schweiz ist eine Eidgenossenschaft von Kantonen, in der direkte Demokratie seit 1291 praktiziert wird. In jedem Dörfchen verkünden knallige orangefarbene Schilder die Botschaft: »Heute Abstimmung!« Die Gemeinden kommen bis zu zweimal pro Monat zusammen und beraten über Angelegenheiten wie öffentliche Ausgaben, einmal pro Quartal finden Abstimmungen zu Referenden und Volksinitiativen auf Kantons- und Landesebene statt. Die Wahlbeteiligung liegt bei gesunden fünfzig Prozent, bei wichtigen oder kontroversen Abstimmungen sogar noch höher. Die Schweizer Regierung vertraut ihren Bürgern nicht nur, sondern gesteht ihnen auch Machtbefugnisse zu. In einigen Kantonen wurde das Wahlalter auf 16 Jahre gesenkt. Die Erziehung zum Staatsbürger und zu finanzieller Verantwortlichkeit wird nicht nur in Schulen ausgelagert; sie findet auch in der Praxis statt. Direkte Demokratie offenbart Meinungsverschiedenheiten und Querelen, aber sie dient auch der Vertrauensbildung, denn niemand kann eine Regierung für die eigenen Entscheidungen verantwortlich machen. »Die Schweizer glauben nicht mehr an Kirchen und Religion. Sie vertrauen auf Debatten, Akademiker und Experten«, sagt Reto Steiner, Professor für öffentliches Management an der Universität Bern. »Consultants sind zu teuer«, fügt er amüsiert hinzu. Die Schweizer sind nicht auf Gedeih und Verderb an veraltete und subjektive Verfassungsbestimmungen gekettet wie die USA an den zweiten Zusatzartikel der Verfassung, der das Recht auf Waffenbesitz sichert. Mit nur 100.000 Unterschriften können die Schweizer nationale Volksinitiativen einleiten, um neue Gesetze oder sogar Änderungen der Bundesverfassung vorzuschlagen; neue Gesetze können über ein Referendum gestoppt werden.[4] Nach entsprechenden Beratungen kann das Parlament der Bevölkerung von einer Zustimmung abraten, auch der Bundesrat darf sich in diesem Sinne äußern – aber letztlich ist es das Volk, das entscheidet.

Ausschlaggebend ist der Wille der Schweizer Bürger, selbst dann, wenn dieser mit Verfassungsbestimmungen kollidiert. So wurde in der Schweiz 2009 beispielsweise der Bau von Minaretten verboten, was nicht mit dem in der Verfassung geschützten Recht auf freie Meinungsäußerung zu vereinbaren ist. Die Schweizer haben auch nichts gegen Volksinitiativen, die dem orthodoxen Kapitalismus feindlich gesinnt sind. In jüngerer Zeit gab es Kampagnen, die folgende Ziele verfolgten: Begrenzung des Gehalts von Spitzenmanagern auf maximal das Zwölffache des niedrigsten Lohns im Unternehmen, Abschaffung einer Reiche begünstigenden Einheitssteuer, Verkaufsstopp für Gold über die Zentralbank und Einführung des weltweit höchsten Mindestlohns von 22 Dollar pro Stunde. Trotz des knappen Scheiterns dieser Initiativen sandten sie das Signal aus, dass die Schweiz trotz ihres Rufs als Steueroase, in der ein Viertel der bestbezahlten europäischen CEOs lebt, darauf vertraut, im Wettbewerb auch bestehen zu können, wenn er fairere Regeln hätte. Die Schweiz ist nicht nur in politischer, sondern auch in sozialer Hinsicht ein inklusives Land. Kein anderes Land gibt pro Kopf mehr für Gesundheit und Bildung aus. Obwohl das Schweizer Gesundheitssystem vollständig privatisiert ist, beteiligen sich hundert Prozent der Bürger daran; nur die Ärmsten werden von der Regierung unterstützt. Die allgemeine Gesundheitsversorgung kostet lediglich 3,5 Prozent des BIP. Die USA wenden

4 Deutsche und Italiener wählen immer häufiger Parlamentskandidaten, die direkte Demokratie und die Möglichkeit für Volksentscheide in Aussicht stellen.

8,5 Prozent auf, allerdings sind weniger als achtzig Prozent der Bevölkerung dadurch abgedeckt. Die dezentralisierte Steuerpolitik und Haushaltsplanung über das kantonale System der Schweiz verhindern, dass finanzielle Schwierigkeiten in einem Landesteil Dominoeffekte in anderen Kantonen auslösen.

Obwohl die Schweiz den Inbegriff einer stabilen Demokratie verkörpert, darf man sich nicht täuschen lassen: Es handelt sich auch um ein extrem technokratisches Land. Eine hochgebildete Kaste aus professionellen Bürokraten widmet ihre gesamten Karrieren Aufgaben wie der Sicherstellung einer konsequenten Steuerpolitik oder der Kontrolle darüber, dass Rechtsstaatlichkeit für jeden gilt, oder der Verwaltung der Weltklasse-Infrastruktur – damit der Zugverkehr auch weiter läuft wie ein Schweizer Uhrwerk. Nicht nur die Regierung, sondern auch die Beschäftigten sind hoch technokratisch: geschulte, kompetente und produktive Arbeiter, die praktisch nie streiken. Diese perfektionistische Effizienz der Schweiz ist kein Ergebnis der Demokratie, sondern der Technokratie.

Sogar in der besten Demokratie der Welt ist man sich der Tatsache bewusst, dass Demokratie nicht ausreichend ist, um komplexe Sachverhalte zu bewältigen. Und tatsächlich sorgt sich Professor Steiner um den Ruf der Schweiz, wenn es um die Sicherstellung hoher Standards sowie um Effizienz geht. So ist das Land im von Neuseeland und Singapur angeführten Doing-Business-Ranking der Weltbank, das die Unternehmensfreundlichkeit eines Landes bewertet, bis auf Platz 31 nach hinten gerutscht. Mittlerweile ist Singapur das Land, das mit der Präzision eines Schweizer Uhrwerks läuft. Um eine Vertrauenskrise wie in vielen anderen westlichen Demokratien zu vermeiden, studiert der führende Experte deshalb Singapur sehr genau, um herauszufinden, wie man sich weiterentwickeln kann.

SINGAPUR: VOM ZUSTIMMENDEN ZUM BERATENDEN BÜRGER

Der in Singapur omnipräsente Lee Kuan Yew sagte gerne, es sei wichtiger, korrekt als politisch korrekt zu handeln. Seiner Meinung nach verwendet der Ausdruck »Recht und Ordnung« die Begriffe in der falschen Reihenfolge: An erster Stelle müsse Ordnung stehen, erst an zweiter das Recht. In den ersten Jahren des jungen Singapurs stritten bei politischen Diskussionen Chinesen, Tamilen und Malaien in ihrer jeweiligen Sprache miteinander; also schrieb Lee Kuan Yew zwingend den Gebrauch der englischen Sprache vor. Banditen entführten und erpressten regelmäßig Einheimische und Ausländer; Lee Kuan Yew verhängte hierfür die Todesstrafe. Die ethnische Vielfalt der singapurischen Gesellschaft nahm immer weiter zu; der rücksichtslose Missbrauch von Freiheiten unter dem Deckmantel der »freien Meinungsäußerung«, etwa das Schüren von Hass zwischen den Bevölkerungsgruppen, sind bestenfalls Zeitverschwendung und führen schlimmstenfalls zur Selbstzerfleischung. Gemeinsam mit seinen Stellvertretern, darunter Goh Keng Swee, begann Lee damit, das Regierungssystem komplett neu aufzubauen – und komplett nach britischem Vorbild. Es war sein Erfolg, der ihn zu einem der weltweit am meisten bewunderten Staatsmänner des 20. Jahrhunderts machte – nicht das Bedienen westlicher Archetypen. Unter seiner Führung entwickelte sich das Land zu einem Vorbild für die aufkommenden Info-Staaten des 21. Jahrhunderts.

In Anbetracht seiner Geschichte überrascht es nicht, dass Singapur vorrangig technokratische Elemente, nicht Demokratie, institutionell verankern wollte. Zu viel Politik korrumpiert die Demokratie, und zu viel Demokratie behindert politisches Handeln. Bei politischen Prozessen geht es um Positionen, bei politischem Handeln um strategische Entscheidungen; Demokratien bringen Kompromisse hervor, Technokratien Lösungen; Demokratien stellen alle Beteiligten halbwegs zufrieden, Technokratien optimieren. Nicht selten wird unterstellt, Singapur sei eine Karikatur von Tocquevilles »gutem Despotismus«: einem Regime, das allen Menschen Befriedigung verschaffen und ihnen »vollends die Sorge zu denken [...] und die Mühe zu leben« abnehmen möchte. Aber echte Technokratien sind wesentlich flexibler. Ursprünglich verfolgte Lee Kuan Yew sozialistische Pläne, aber in den 1970er Jahren schwenkte er auf flexible Arbeitsmärkte nach dem Vorbild von Hongkong um. Auch China hat sich gewandelt: von Maos radikalem und universell praktiziertem Ultradogmatismus hin zum inkrementellen Pragmatismus von Deng, dessen zahlreichen Experimenten China sein Wirtschaftswunder verdankt.

Moderne Technokratien wollen nichts ersticken, allerdings sind sie zu groß angelegten »Schock-Therapien« ebenso fähig wie zu klein angelegten, tastenden Experimenten. Daraus ergeben sich Paradoxe, die sich in der Praxis als absolut sinnvoll erweisen – wenn nicht sogar in der Theorie. Singapur lässt sich einerseits als extrem liberal beschreiben: Es gibt keinerlei Handelsbeschränkungen, Unternehmensgründungen sind hier besonders leicht, Prostitution ist erlaubt. Andererseits aber auch als ein sehr fürsorglicher Staat: In Singapur gibt es das umfassendste staatlich geförderte Wohneigentumsprogramm der Welt,[5] eine verpflichtende Altersvorsorge[6] und ein allgemeines und kostengünstiges öffentliches Gesundheitssystem. Singapur ist eine der weltweit führenden freien Marktwirtschaften – wobei die Regierung sechzig Prozent der Wirtschaftsleistung über staatlich unterstützte Unternehmen managt. Anders formuliert: Es handelt sich um einen libertären, überfürsorglichen Staat, der kapitalistische Unabhängigkeit mit

5 Das Housing Development Board (HDB) in Singapur ist ein Beispiel dafür, wie die Regierung Marktmechanismen zur Erfüllung sozialer Ziele nutzt. Allen anspruchsberechtigten Bürgern werden Eigentumswohnungen auf der Grundlage von Wohngegend und Familiengröße zugeteilt; die Kosten und Zahlungspläne sind jedoch so angepasst, dass niemand mehr als ein Viertel seines Monatseinkommens zahlen muss; das ist der niedrigste Quotient von Wohnungskosten und Einkommen in allen entwickelten Ländern. Diese eine Maßnahme sorgt gleichzeitig dafür, dass jeder ein Dach über dem Kopf hat, schützt vor Mietwucher und garantiert den generationsübergreifenden Transfer von Wohlstand über Wohneigentum.

6 Der Central Provident Fund (CPF) in Singapur verpflichtet jeden Bürger, bis zum 55. Lebensjahr ein Vermögen von etwa 125.000 Dollar anzusparen, das durch Einzahlungen von Arbeitnehmern und Arbeitgebern entsteht. Im Gegensatz dazu haben in den USA sechzig Prozent der Arbeitnehmer weniger als 25.000 Dollar für ihren Ruhestand gespart, 36 Prozent der Babyboomer und Rentner besitzen überhaupt keine Ersparnisse.

Umverteilungen kombiniert, um das Einkommen der unteren zehn Prozent zu verbessern.[7] Es ist gleichzeitig »Big Government« und »Lean Government« – und effektiv noch dazu.

Eine solche Denkweise kennt man von erfolgreichen Unternehmen wie Royal Dutch Shell, das sich seit Jahrzehnten mit der Ausarbeitung langfristiger und multidisziplinärer Szenarien hervortut, die geopolitische Entwicklungen und Trends im Energie- und Technologiesektor miteinander kombinieren. Deshalb beschloss Lee Kuan Yew, das strategische Planungsmodell für Singapur an Shell auszurichten. Szenarien sind weder Voraussagen noch lineare Prognosen, sondern ein Mix aufkommender Muster, aus denen sich ein Gesamtbild ergeben könnte. In lebhaften Brainstorming-Sitzungen reißen sich die Singapurer mit plausiblen Szenarien aus ihrer Komfortzone: Permanent setzen sie sich mit der Zukunft auseinander und entwickeln Strategien, um nicht in Bedeutungslosigkeit zu versinken. Das Denken in Szenarien schafft einen geschützten Raum, in dem über mögliche Entwicklungen gestritten werden kann, und verringert so die emotionale Anspannung politischer Debatten. Szenarien eignen sich auch ganz hervorragend als Kontrollmechanismen: Ihre provokanten Alternativen präsentieren auch die Schattenseiten, die man stets im Blick behalten muss, und verhindern dadurch, dass technokratische Regime zu selbstzufrieden werden. Von Intels Andy Grove stammt der berühmte Spruch: »Nur der Paranoide überlebt.« Das gilt auch für Länder. So verwundert es nicht, dass Singapur häufig als das »am besten gesteuerte Unternehmen der Welt« bezeichnet wird.

Szenarien sind nicht nur etwas für Politprofis. In Singapur wird die Szenario-Planung auch als Projekt der gesellschaftlichen Teilhabe genutzt, wobei man von breit gestreutem Know-how profitiert. Im Jahr 2013 wurden im Rahmen der Aktion »Our Singapore Conversation« (OSC) 660 Dialoge mit über 47.000 Teilnehmern durchgeführt, viertausend weitere Bürger befragt und mit vierzig verschiedenen NGOs kooperiert, um Meinungen und Ansichten zu sammeln. Diese Dialoge fanden sogar im Ausland statt, um in London, San Francisco, Schanghai und Peking die Stimmungslage in der Diaspora zu sichten. Aus dem Projekt OSC ergaben sich mehrere bedeutende Ideen, darunter die Forderung, den Grundwehrdienst auf Ausländer und Frauen auszuweiten, den sozialen Wohnungsbau an die Bedürfnisse einer alternden Bevölkerung anzupassen sowie mehr Freiräume bei der individuellen Altersvorsorge zu schaffen. Einen ähnlichen Ansatz verfolgt das 2015 von Singapur initiierte »Committee on the Future Economy« (CFE), das den Weg des Landes zur Förderung neuer Industrien entwerfen und die Ausbildung seiner Studenten und Beschäftigten entsprechend anpassen soll. Obwohl der

7 Innerhalb einer Generation schafften in Singapur 14 Prozent der zwanzig Prozent Familien mit den niedrigsten Einkommen den Sprung in die obersten zwanzig Prozent; diese Quote ist doppelt so hoch wie bei US-Bürgern, und sogar höher als in Dänemark oder Kanada.

Prozess im öffentlichen Dienst angesiedelt war, beteiligten sich daran sämtliche Ministerien, Dutzende Führungskräfte aus dem In- und Ausland sowie Hunderte Akademiker und Technologieexperten. In einer Hightech-Version des schweizerischen Referendums startete Singapur auch eine Plattform für Online-Petitionen namens »GoPetition« und richtete einen Parlamentsausschuss ein, um daraus Empfehlungen abzuleiten. In allen hier genannten Fällen folgen auf Empfehlungen innerhalb von Monaten Taten – nicht erst nach Jahren (oder nie). Zudem sind all diese Maßnahmen Beispiele für Meinungsbildungsprozesse durch die Bevölkerung, auch wenn sie nicht die direkte Demokratie der Schweiz nachbilden. Der entscheidende Unterschied ist, dass die Führungsriege in Singapur ihre Bevölkerung nur in Maßen konsultiert. In Singapur führen Debatten nie zu Handlungsunfähigkeit. Stattdessen legt die Regierung plausible Leistungskennzahlen (»Key Performance Indicators«, KPIs) fest, die regelmäßig überprüft werden, um den Fortschritt zu bewerten. Keine andere Gesellschaft überwacht die effiziente Bereitstellung öffentlicher Dienstleistungen derart sorgfältig über KPIs. Mit dem SingPass kann man sämtliche Online-Dienste der Regierung nutzen, und in Regierungsbüros drucken digitale »Jukeboxen« Pässe und andere offizielle Dokumente aus, damit niemand Schlange stehen muss. Die Finanzierung und Refinanzierung von Wohneigentum lässt sich an einem Tag organisieren. Überall in Singapur begegnen einem kleine Touchscreen-iPads, mit denen man den erhaltenen Service bewerten soll. Man findet sie in Banken, Verwaltungsgebäuden der Universität und bei Passkontrollen oder in öffentlichen Toiletten am Flughafen – und tatsächlich beachtet die Regierung diese Ergebnisse.

Singapur handelt nicht deshalb so zukunftsorientiert, weil es über mehr Ökonomen oder ein größeres Budget als die USA verfügt, sondern weil seine politischen Führungskräfte durchaus eigenständige, langfristig wirksame Entscheidungen treffen können und das Vertrauen der Öffentlichkeit genießen. Wahldemokratien bringen mit sich, dass kurzfristig gedacht wird, weil man Wählern schnelle Erfolge »verkaufen« muss. »Die Zukunft« hat dort keine Lobby. Wie der Politikpsychologe Philip Tetlock nachweist, führt die vollständige Transparenz politischer Debatten eher zu populären als zu korrekten Entscheidungen. Deshalb müssten demokratische Systeme mit technokratischen Instrumentarien abgesichert werden, die auch die langfristigen Auswirkungen von Entscheidungen bewerten und gegebenenfalls Korrekturmaßnahmen vorschlagen. Tetlocks Werk beschreibt ebenfalls hervorragend, wie sogenannte Experten bei der korrekten Voraussage verschiedener politischer und ökonomischer Trends scheitern. Dieses Argument spricht aber nicht gegen Technokratie. Im Zentrum von Governance stehen nicht

Prognosen, sondern Entscheidungen. Technokraten haben nicht die Aufgabe, sich im Wettstreit der Prognosemärkte hervorzutun. Sie sollten diesen allerdings ebenso aufmerksam zuhören, wie sie auch ausgewiesenen Experten und der Öffentlichkeit zuhören sollten, und auf dieser Grundlage ganzheitliche politische Handlungsempfehlungen entwickeln. Gegebenenfalls eigene Fehler zu korrigieren ist wichtiger, als jederzeit Recht zu haben.

Singapur befindet sich noch in einem Lernprozess, um sein Talent für Social Engineering mit den Realitäten des sozialen Wandels in Einklang zu bringen. Im Gegensatz zu den immer weiter demontierten Wohlfahrtsstaaten der westlichen Welt hat Singapur mit seinem üppigen Haushaltsüberschuss die Möglichkeit, mehr für Gesundheit, Wohnen und Sozialleistungen auszugeben. So könnten würdige Lebensbedingungen für alle erhalten bleiben, und Solidarität ginge trotz hoher Ungleichheit und zunehmender Vielfalt nicht verloren. Da europäische Wohlfahrtsstaaten sowohl die materiellen Bedürfnisse ihrer Bürger befriedigen als auch ein Gefühl der Gemeinsamkeit schaffen, zählen ihre Gesellschaften zu den glücklichsten der Welt. Singapur holte im Welt-Glücksreport der UNO deutlich auf und war 2015 das bestplatzierte Land Asiens. Jedoch rangieren seine Bürger weiterhin hinter den Bürgern europäischer Länder, was wahrscheinlich einer Kombination aus Paranoia, Ehrgeiz und der andauernden Suche nach noch größerer Zufriedenheit geschuldet ist. Über Generationen hinweg wurde Singapurern erzählt, niemand wäre ihnen etwas schuldig und sie müssten genügsam sein, um zu überleben. So haben sie unermüdlich am Aufbau einer hypermodernen und sicheren Enklave gearbeitet, sehen aber weiterhin überall Anlass zu Verunsicherung: in Form steigender Lebenshaltungskosten und durch die Konkurrenz aus anderen aufstrebenden Ländern der Region.

Um diesen Herausforderungen zu begegnen und die Position des Landes zu verbessern, lässt die Regierung nichts unversucht und misst nicht nur technische Ergebnisse, wie etwa die verarbeiteten Vorprodukte und erzeugten Endprodukte, sondern auch den weniger greifbaren, aber ebenso wichtigen Nutzen. Die steigende Anzahl von Ingenieuren ist ein Beispiel für Ersteres, der Ansporn junger Singapurer, Innovationen in Kreativbranchen einzuführen, repräsentiert Letzteres. Zudem kopiert man erfolgreiche Beispiele aus aller Welt, die glücklicher machen: kostenloser Eintritt in Museen (wie in London), kostenlose U-Bahnfahrten am Vormittag (wie in Melbourne), bessere Versorgung älterer Mitbürger (wie in Dänemark) und mehr Ausbildungsmöglichkeiten (wie in Finnland). Singapur arbeitet an einem Konsens zu der Kernfrage, wie ausländische Investitionen und Talente zum Aufbau des Know-hows der Nation genutzt werden können und wie man die

Produktivität durch importierte Technologien und Managementfähigkeiten verbessert, um den Bedarf an ausländischen Arbeitskräften zu verringern und Probleme wie Überfüllung, Ungleichheit und soziale Spannungen zu entschärfen. Der Austausch zwischen Regierung, Opposition und Zivilgesellschaft hat zu innovativen Neuerungen wie einer »Baubarkeits«-Kennziffer für Bauprojekte geführt, die auch eine Maßzahl enthält, die den Bedarf an Gastarbeitern minimieren soll. Singapur wird aller Voraussicht nach von diesem Ansatz profitieren: Die Kosten sind dort so schnell gestiegen, dass große ausländische Unternehmen bereits begonnen haben, ihre Niederlassungen aus Singapur abzuziehen und anderweitig in Südostasien zu platzieren – doch bei geringerer Immigration und niedrigeren Immobilienpreisen werden sie länger bleiben.

Auf die Frage, inwiefern die Politik Singapurs unübersichtlicher geworden sei, äußerte sich Premierminister Lee Hsien Loong folgendermaßen: »Es handelt sich um eine andere Generation, um eine andere Gesellschaft, und auch die politischen Prozesse werden anders sein. Wir müssen offener arbeiten. Wir müssen akzeptieren, dass im politischen Prozess ein höheres Maß an Unordnung und Hin und Her völlig normal ist.« Aber Singapur praktiziert momentan intensive Abstimmungsprozesse für politische Entscheidungen, die alles andere als »normale Politik« sind – und sollte unbedingt vermeiden, dass daraus normale Politik wird. Technokratische Konsultationen sollten niemals zugunsten von demokratischem Populismus aufgegeben werden. Heute kann sich kein Land einen kurzfristigen und engstirnigen Populismus erlauben, der eher auf Wahlergebnisse als auf die Leistungsfähigkeit der Nation abzielt und Monate oder Jahre mit handlungsunfähigen Regierungen auf Abruf im Vorfeld von Wahlen verschwendet. Möglicherweise stellt eine Überdemokratisierung tatsächlich das größte Risiko für Singapur dar: dass Debatten über Bagatellen Entscheidungen verhindern und endlose politisch motivierte Dialoge das unerbittliche Streben nach Exzellenz ersetzen. Einleuchtende und wichtige Investitionen wie der Ausbau des öffentlichen Wohnungsbaus sind eine andauernde Notwendigkeit und sollten nicht als Schachzug missbraucht werden, um bessere Wahlergebnisse zu erzielen. Bevor der Wettbewerb Einzug in Singapurs Wahlkampf hielt, war erstklassige Infrastruktur politisch kein Thema – und so sollte es auch bleiben. »Demokratie sollte man in kleinen Mengen genießen«, sagte mir ein seit Langem in Singapur lebender US-Amerikaner. »Gönne dir ein oder zwei Gläser, aber trinke nicht die ganze Flasche aus.« In vielen Ländern beginnt man, die Abwandlung eines alten Sprichworts zu schätzen: Alles, aber in Maßen.

FAZIT: DIE WENDE DER GESCHICHTE

In den nächsten Jahrzehnten wird der globale Wettbewerb Sentimentalität bestrafen. Gesellschaften, die etwas besser machen könnten, dies aber nicht tun, sind entweder dumm oder lebensmüde – manchmal auch beides. In politischen Systemen sollte weniger Wert auf demokratische Belange und mehr Wert auf gute Governance gelegt werden. Erfolg definiert sich darüber, ob man für innerstaatliche Wohlfahrt sorgen und globale Komplexität managen kann, nicht über das Veranstalten von Wahlen. Dieser pragmatische Ansatz ermöglicht einen ergiebigen Meinungsaustausch über eine kontinuierliche Verbesserung der Governance statt über einen vermuteten Endzustand. Governance ist mehr als ein Wettrennen um Effizienz; sicherlich würde es aber keiner westlichen Regierung schaden, etwas mehr Wert auf technokratische Substanz statt auf demokratische Form zu legen.

Europa repräsentiert heute im internationalen Vergleich den höchsten Lebensstandard und die beste Governance-Qualität, die USA haben in der Vergangenheit mehrfach ihre Fähigkeit zur Selbsterneuerung unter Beweis gestellt. Daraus lässt sich allerdings nicht einfach ableiten, dass dies auch künftig so bleiben wird. Regierungen müssen mit dezentralisierten Gesellschaftssystemen, neuen Wegen zu Transparenz und Kontrolle, immer komplexeren Identitäten und einem extrem wettbewerbsfähigen und -willigen wirtschaftlichen Umfeld zurechtkommen. Das sind große Herausforderungen, und es ist längst nicht klar, dass die USA oder Europa diese Umstellungen besser als andere meistern werden.

Churchill behauptete, Demokratie sei die schlechteste aller Regierungsformen, abgesehen von allen anderen; diese Aussage steht nun auf dem Prüfstand. Das überlegene Modell der Governance im 21. Jahrhundert ist die direkte Technokratie. Sie kombiniert Elemente nach Schweizer Vorbild, nämlich eine Präsidentschaft als Kollegialgremium und ein Parlament, das sich aus Mitgliedern mehrerer Parteien zusammensetzt, mit dem informationsbasierten und utilitaristisch ausgerichteten öffentlichen Dienst von Singapur: ein Mix aus Technokratie und Demokratie, der sich auf Technologie stützt. Um mithalten zu können, müssen westliche Gesellschaften das Rad zwar nicht neu erfinden; aber ihre politischen Systeme brauchen eine gesteuerte Entwicklung von innen heraus – ansonsten wird es schlicht egal sein, wer ihre gewählten Führer sind.

Dr. Parag Khanna, geb. 1977, ist Politikwissenschaftler, Strategieberater und Publizist. Er ist Gründer und geschäftsführender Partner von FutureMap, einem daten- und szenariobasierten Strategieberatungsunternehmen. Khanna ist sechsfacher internationaler Bestsellerautor, hat die meisten Länder der Welt bereist und an der London School of Economics promoviert.

PERSPEKTIVEN

AUF DEM WEG ZU ROBUSTEN ENTSCHEIDUNGEN IN DER ENDLAGERUNG

HERAUSFORDERUNGEN UND CHANCEN FÜR DIE REGULIERUNGS- UND AUFSICHTSBEHÖRDE[1]

Ξ Ana María Isidoro Losada, Maria Rosaria Di Nucci

In der Bundesrepublik und in anderen westlichen Ländern ist in den vergangenen Jahrzehnten die Bürger*innenbeteiligung auch aufgrund wahlentscheidender Bürgerproteste sowie des Unmuts über große Bau- und Infrastrukturprojekte wie »Stuttgart 21« zunehmend auf die politische Agenda gerückt. Das damit verbundene große Konfliktpotenzial und die oft langwierigen Auseinandersetzungen machen deutlich, dass die Ziele und Entscheidungsgrundlagen heutiger Großprojekte sehr weit gefasst sind und darauf bedacht sein müssen, möglichst viele Interessen zur Kenntnis zu nehmen und nach Möglichkeit in Einklang zu bringen. Dies resultierte aus der Einsicht, dass, um Akzeptabilität zu erzielen und handlungsfähig zu sein, verschiedene öffentliche und halböffentliche Instanzen sowie Bürgerinnen und Bürger an den Entscheidungsprozessen beteiligt werden müssen. Dementsprechend erfuhr das bundesdeutsche politische System eine schrittweise Anpassung des politischen Institutionengefüges und auf staatlicher Ebene wurden neue formale Beteiligungsverfahren eingeführt und aufgebaut, die eine partizipative Gestaltung von Entscheidungsprozessen eröffneten.[2] Seit 2010 gibt es mit zunehmender Dynamik beispielsweise Bürgerräte in den Bereichen Stadtplanung, Umwelt und Infrastruktur. Darüber hinaus wurde eine neue Vielfalt informeller Dialogprozesse angestoßen, wie Beiräte, Runde Tische und Zukunftswerkstätten, die einen intensiveren Austausch zwischen Politik, Verwaltung, Wirtschaft, Forschung und Zivilgesellschaft ermöglichen. Diese grundlegenden partizipationserweiternden Entwicklungen haben zwar zu Veränderungen in Entscheidungsfindungs- und Planungsprozessen geführt, politische Entscheidungsträger sind jedoch zumeist weiterhin darauf bedacht, dass ihre Aktivitäten die Zustimmung und Unterstützung der Mehrheit der Bevölkerung finden.

Großinfrastrukturprojekte, zumal umstrittene, erfordern robuste Entscheidungsverfahren. Auf das zukünftige Endlagersystem für hochradioaktive

1 Dieser Text ist am Forschungszentrum für Umweltpolitik (FFU) an der FU Berlin im Rahmen des Projektes TRANSENS entstanden: »Transdisziplinäre Forschung zur Entsorgung hochradioaktiver Abfälle in Deutschland – Forschung zur Verbesserung von Qualität und Robustheit der soziotechnischen Gestaltung des Entsorgungspfades«. Das Projekt wird vom Bundesministerium für Wirtschaft und Energie (BMWi) von 2019 bis 2024 gefördert (FK 02 E 11849C).

2 Vgl. Roland Roth, Neue soziale Bewegungen in der politischen Kultur der Bundesrepublik. Eine Vorläufige Skizze, in: Karl-Werner Brand (Hg.), Neue soziale Bewegungen in Westeuropa und den USA. Ein internationaler Vergleich, Frankfurt a.M. 1985, S. 20–82; Dieter Rucht, Modernisierung und neue soziale Bewegungen. Deutschland, Frankreich und USA im Vergleich, Frankfurt a.M. 1994, hier S. 263–265, 450.

Abfälle und die diesem vorhergehende Standortsuche trifft dies aufgrund der Gefahren und Gefährdungszeiträume der strahlenden Abfälle in besonderer Weise zu. Folglich erfordern die für eine Standortentscheidung notwendigen politischen Mehrebenenprozesse reformierte oder sogar neue Institutionen und Entscheidungsverfahren, mithin eine neue Form der Endlagergovernance. In Deutschland wurde mit dem *Standortauswahlgesetz* (StandAG) vom 23. Juli 2013 und dem *Gesetz zur Neuordnung der Organisationsstruktur im Bereich der Endlagerung* vom 26. Juli 2016 das *Bundesamt für die Sicherheit der nuklearen Entsorgung* (BfE, seit 2020 BASE) eingerichtet. Das BASE vereint institutionell Regulierungs-, Aufsichts- und Genehmigungsfunktion für die Entsorgung von hochradioaktiven Abfällen. Darüber hinaus nimmt es hinsichtlich technischer Aspekte und der Berücksichtigung gesellschaftlicher Belange eine institutionelle Vermittlerrolle ein.

Im Umgang mit hochradioaktiven Abfällen sind regulierende Instanzen von zentraler Bedeutung. Das spiegelt sich auch auf der supra- und internationalen Ebene wider. So hat der internationale Ausschuss für nukleare Regulierungsaktivitäten *Committee on Nuclear Regulatory Activities* (CNRA) eine Reihe von Regulierungsrichtlinien veröffentlicht, welche die Charakteristika einer effektiven Regulierungsbehörde näher bestimmen.[3] Diese dienen bei der nachfolgenden Analyse der Rolle und Aufgabenerfüllung des BASE, insbesondere hinsichtlich der gegenwärtigen Endlagersuche, als Referenzrahmen.

CHARAKTERISTIKA EINER EFFEKTIVEN REGULIERUNGSBEHÖRDE

Zu den Organisations- und Handlungsmerkmalen, die als wesentlich für eine effektive und vertrauenswürdige Regulierungsbehörde und somit auch den Aufbau öffentlichen Vertrauens angesehen werden, gehören *Kompetenz, Unabhängigkeit, Klarheit, Rechenschaftspflicht (public accountability)* sowie *Offenheit* und *Transparenz*.[4] Unser Erkenntnisinteresse zielt darauf, über diese Variablen nachvollziehbare Aussagen zu treffen. Hierfür nutzen wir nachfolgende Klassifizierung:

3 Vgl. OECD/NEA, The Characteristics of an Effective Nuclear Regulator, NEA No. 7185, Paris 2014; OECD/NEA, The Regulator's Evolving Role and Image in Radioactive Waste Management. Lessons Learnt within the NEA Forum on Stakeholder Confidence, Paris 2012.

4 Ebd.

Tabelle 1: Eigenschaften einer »effektiven« und vertrauenswürdigen Regulierungsbehörde

Organisations- und Verhaltensmerkmale	**Beschreibung**
Kompetenz	Der jeweilige Verantwortungs-/Zuständigkeitsbereich des Regulators, der von Gesetzes wegen vorgegeben wird (nicht der Grad der technischen Kompetenz). Dieser stellt die Grundlage für die Legitimität und den jeweiligen Handlungsrahmen dar.
Unabhängigkeit	Regulierungsbehörden sollten nicht unter Aufsicht der für Energie und Industrie zuständigen Ministerien stehen, sondern unter der eines anderen Fachministeriums (beispielweise Gesundheit oder Umwelt). Eine weitere Möglichkeit besteht in der gesonderten Institutionalisierung als unabhängige Agenturen. Die Regulierungsbehörde muss von der Nuklearindustrie sowie von Organisationen, die von Genehmigungsentscheidungen betroffen sind, unabhängig sein (d.h. Autonomie, klare Rollenteilung und Zuständigkeiten).
Klarheit	Klarheit bei der Erklärung und Begründung von institutionellen Sicherheitskonzepten sowie den anstehenden Verfahrensschritten ist unerlässlich für die Förderung des Verständnisses und die Transparenz, die für einen Vertrauensaufbau notwendig sind.[5] Fähigkeit, mit Interessengruppen und der Öffentlichkeit in klarer und eindeutiger Sprache zu kommunizieren.
Rechenschaftspflicht (public accountability)	Die vonseiten der Regulierungsbehörden getroffenen oder empfohlenen Maßnahmen und Entscheidungen unterstehen der öffentlichen Überprüfung und Kontrolle.[6]
Offenheit und Transparenz	Bereitstellung zuverlässiger Informationen und Auskünfte über anstehende Verfahrensschritte, Entscheidungen und Strategien. Betrachtet wird die Offenheit gegenüber öffentlicher Kritik sowie die Nachvollziehbarkeit von Entscheidungen und der Zugang zu Informationen.
Glaubwürdigkeit	Aufrichtigkeit und wahrgenommene Neutralität im Sinne des Fehlens von Vorurteilen gegenüber an dem Standortauswahlverfahren beteiligten und betroffenen Akteuren (wie sie von anderen wahrgenommen werden).

Quelle: eigene Darstellung in Anlehnung an OECD/NEA (2014)

5 Vgl. OECD/NEA 2012, S. 22

6 Vgl. ebd.

ROLLE UND VERANTWORTLICHKEIT DER REGULIERUNGSBEHÖRDE

Anders als in den meisten EURATOM-Ländern gab es in der Bundesrepublik in der Frage der Entsorgung nuklearer Abfälle bis 2013 keine klare Trennung zwischen Regulierungsbehörde und Vorhabenträger. Erst durch die EU-Richtlinie 2011/70/EURATOM und das StandAG 2013 wurden die bestehenden institutionellen Strukturen und Verfahren neugeordnet. Innenpolitisch wurde diese Neuorganisation von einem breiten Spektrum politischer und wirtschaftlicher Akteure als wesentlich für die erfolgreiche Eröffnung eines neuen Standortauswahlverfahrens und die Wiedergewinnung des öffentlichen Vertrauens gewertet. Ziel war es, die erforderliche funktionale Trennung der Regulierungs- bzw. Aufsichts- und Genehmigungsbehörde von allen anderen an der Entsorgung beteiligten staatlichen und nichtstaatlichen Einrichtungen zu gewährleisten. Dafür schuf man zwei neue einflussreiche Akteure: die Regulierungsbehörde *Bundesamt für kerntechnische Entsorgungssicherheit* (BfE) und den Vorhabenträger *Bundesgesellschaft für Endlagerung* (BGE mbH). Dem BfE wurden in diesem Zuge zahlreiche der bis dato beim Bundesamt für Strahlenschutz (BfS) liegenden Aufgaben übertragen. Es nahm seine Tätigkeit im Juli 2016 auf, 2020 erfolgte die Umbenennung in *Bundesamt für Sicherheit in der nuklearen Entsorgung* (BASE). Zu dessen Kernaufgaben im Rahmen der Endlagerung von hochradioaktiven Abfällen zählen:

- Die Regulierung, Genehmigung und Aufsicht auf dem Gebiet der langfristigen Lagerung nuklearer Abfälle, der Zwischenlagerung sowie der Handhabung und des Transports radioaktiver Abfälle.
- Das Prozessmanagement und die Durchsetzungsüberwachung im Standortauswahlverfahren für das Endlager hochradioaktiver Abfälle. Dabei fällt ebenso die Überprüfung der von der BGE zur Verfügung gestellten Informationen sowie die Veröffentlichung ihrer Vorschläge (die BGE selbst ist dazu nicht befugt) in die Zuständigkeit des BASE.
- Die Gesamtorganisation der Öffentlichkeitsbeteiligung bei der Standortsuche. Ausgehend von der gesetzlich vorgeschriebenen »umfassenden und systematischen Information« der Öffentlichkeit, führt das BASE die aus den verschiedenen Quellen vorliegenden Informationen und Daten zusammen, bereitet diese auf und stellt sie der breiten Öffentlichkeit in kondensierter Form zur Verfügung.

VERHÄLTNIS DER REGULIERUNGSBEHÖRDE ZU EXEKUTIVE UND INDUSTRIE

In der Bundesrepublik stellen atomrechtliche Genehmigung und Aufsicht staatliche Aufgaben dar, während die wirtschaftliche Nutzung der Atomenergie privatwirtschaftlich organisiert ist. Nachdem das BfE gem. § 7 StandAG von 2013 als Bundesoberbehörde unter der Aufsicht des Bundesministeriums für Umwelt, Naturschutz und Reaktorsicherheit (BMU) geschaffen wurde, stellt sich die Frage, inwieweit das BMU de facto (nicht de jure) die eigentliche Aufsichtsbehörde für Atommülllagerung und Standortauswahl, einschließlich der damit verbundenen Öffentlichkeitsbeteiligung ist. Obwohl das BASE die tägliche Arbeit leistet und nach außen die Entscheidungen trifft, geschieht dies »im Schatten des BMU«.

Zwischen der Regulierungsbehörde und dem Vorhabenträger (§ 3 und § 4 StandAG) besteht eine klare Trennung. Hierdurch wie durch die Zuordnung des BASE zum BMU und nicht zum Bundesministerium für Wirtschaft und Energie ist das BASE als eine von wirtschaftlichen Interessen unabhängige Behörde einzustufen. Gaßner u. a. stellen in diesem Zusammenhang fest, dass die organisationsrechtliche Fachaufsicht der BGE dem Bund und nicht dem BASE obliegt. Somit könne die Regulierungsbehörde die Aufgabenerfüllung der BGE weder beeinflussen noch steuern.[7] Der Bund übt diese Aufsicht »über die Beteiligungsführung im BMUB und über die in den Aufsichtsrat der BGE berufenen Vertreter aus«.[8] Bei Empfehlungen und Entscheidungen zur Ermittlung von Teilgebieten und der Erarbeitung von Vorschlägen stehen der BGE und dem BASE eigene Beurteilungs- und Abwägungsspielräume zu, für die sie jeweils separat verantwortlich sind.[9] Mittels dieser Verfahrensregelung wird gewährleistet, dass der Bundesgesetzgeber bei seiner Entscheidungsfindung zwischen unterschiedlichen Bewertungen abwägen muss.

STANDORTAUSWAHLVERFAHREN UND ÖFFENTLICHKEITSBETEILIGUNG

In den OECD/NEA-Ländern zeichnete sich im vergangenen Jahrzehnt ein deutlicher Trend hin zu mehr Stakeholder- und Öffentlichkeitsbeteiligung ab.[10] Parallel dazu hat auch ein Umdenken in den Regulierungsbehörden stattgefunden, das sich u. a. an deren größerer Bereitschaft ablesen lässt, ihre Arbeit zumindest teilweise offenzulegen und spezifische Themen sowie das Standortauswahlverfahren öffentlich zur Diskussion zu stellen. Allerdings wird die Doppelfunktion der Regulierungsbehörde BASE, sowohl für das Standortauswahlverfahren als auch für die Öffentlichkeitsbeteiligung verantwortlich zu sein, von einzelnen Akteur*innen der Anti-Atom-Bewegung kritisch

7 Vgl. Hartmut Gaßner u. a., Zum Verhältnis zwischen BGE und BfE im Standortauswahlverfahren Rechtsgutachten im Auftrag der Bundesgesellschaft für Endlagerung mbH (BGE), Berlin 2018.

8 Ebd., S. 3.

9 Vgl. ebd.

10 Vgl. Anne Bergmans u. a., The participatory turn in radioactive waste management. Deliberation and the social-technical divide, in: Journal of Risk Research, Jg. 18 (2015), H. 3, S. 347–363; Marlene Brans, The OECD Nuclear Energy Agency's Forum on Stakeholder Confidence, radioactive waste management and public participation, Luxemburg 2015; Maria Rosaria Di Nucci, u. a., From the right to know to the right to object and decide. A comparative perspective on participation in siting procedures for high level radioactive waste repositories, in: Progress in Nuclear Energy, Bd. 100/2017, S. 316–325.

betrachtet. Sie fordern eine Auslagerung der Verantwortung für die Öffentlichkeitsbeteiligung, deren sicherlich nicht einfache und deshalb zeitverzögernde Umsetzung potenziell konfligiert mit der zeitlich festgelegten Endlagersuche. Das BASE selbst sprach dieses Problem 2018 in seiner Broschüre »Unterschiedliche Rollen – ein Ziel« an und erklärte, dass es sich in einem Spannungsfeld zwischen der gesetzlich vorgeschriebenen Kontrolle des Verfahrens und der notwendigen Zusammenarbeit mit anderen Akteur*innen befände, zumal die Glaubwürdigkeit des Verfahrens sichergestellt sein müsse.[11] Michael Müller, der ehemalige Vorsitzende der Endlagerkommission, argumentierte in diesem Zusammenhang, dass es nicht Aufgabe der Regulierungsbehörde sei, zu definieren, was unter Öffentlichkeitsbeteiligung zu verstehen ist.[12]

Einer im Mai 2020 durchgeführten Forsa-Umfrage zufolge sind lediglich elf Prozent der Befragten der Meinung, dass die Standortsuche transparent und nachvollziehbar erfolgt.[13] Bereits 2019 hat das Nationale Begleitgremium (NBG) dem BfE [BASE] empfohlen, bei der Organisation der jährlichen sogenannten »Statuskonferenzen« mehr Offenheit und kritischen Diskurs zu wagen, indem »die Flexibilität erweitert und der thematische Fokus der Statuskonferenz für eine partizipative Gestaltung geöffnet wird« (NBG 2019b: 7).[14] Es sei notwendig, weit mehr als nur eine Pro-Forma-Informationsbereitstellungspolitik für die Öffentlichkeit zu betreiben. Zu den Forderungen zählte, dass das Beteiligungsverfahren entsprechend der Vorgaben in § 5 (2) StandAG gemeinsam mit der Öffentlichkeit gestaltet werden müsse.

LESSONS LEARNED

Erfahrungen im internationalen Kontext zeigen, dass mit weniger Konflikten zu rechnen ist, wenn die verantwortlichen Behörden oder ausführenden Institutionen/Organisationen innerhalb der Grenzen ihrer Befugnisse handeln, zudem als »unparteiisch« und auf die Anliegen der Öffentlichkeit reagierend wahrgenommen werden.

In der überarbeiteten und schließlich veröffentlichten Fassung des Öffentlichkeitsbeteiligungskonzepts »Information, Dialog, Partizipation – Öffentlichkeitsbeteiligung in der Anfangsphase der Endlagersuche« von 2019 weist die Regulierungsbehörde daraufhin, dass »eine transparente, offene und vertrauensbildende Beteiligung nur möglich ist, wenn insbesondere die drei Stakeholder BfE [BASE], das Nationale Begleitgremium (NBG) und die [BGE] […] im weiteren Verlauf des Verfahrens auf den Regionalkonferenzen dauerhaft zusammenarbeiten«.[15] Akteure aus der Zivilgesellschaft kritisierten den geringen Grad an Offenheit gegenüber ihren vorgebrachten Gedanken und Anregungen, aber auch gegenüber den von anderen Interessengruppen geäußerten Ängsten und Bedenken.

11 Bundesamt für kerntechnische Entsorgungssicherheit (2018): Unterschiedliche Rollen – ein Ziel, Berlin 2018, hier S. 17.

12 Diese Erklärung wurde während einer Veranstaltung der NBG im Februar 2018 zum Thema »Offener Bürger*innen-Dialog ›Start der Standortauswahl‹« abgegeben.

13 Forsa, Standortauswahlverfahren für ein Atommüllendlager in Deutschland. Ergebnisse einer repräsentativen Befragung. Berlin, 2. Juni 2020, URL: https://www.base.bund.de/SharedDocs/Downloads/BASE/DE/fachinfo/soa/20200610_Forsa.pdf?__blob=publicationFile&v=1 [eingesehen am 8.11.2020], hier S. 7.

14 Nationales Begleitgremium, NBG-Stellungnahme zur Öffentlichkeitsbeteiligung in der Startphase des Standortauswahlverfahrens/Konzept und Aktivitäten des Bundesamtes für kerntechnische Entsorgungssicherheit (BfE), Berlin 2019.

15 Bundesamt für kerntechnische Entsorgungssicherheit, Information, Dialog, Mitgestaltung: Öffentlichkeitsbeteiligung in der Startphase der Endlagersuche, Berlin 2019, hier S. 4.

Vor dem Hintergrund früherer Erfahrungen weisen sie darauf hin, dass die Beteiligung nicht auf Informations- und Konsultationsmodi beschränkt werden sollte. Stattdessen sollte besorgten Bürger*innen und Betroffenen in der Region eine Teilhabe ermöglicht werden, die über bisherige Beteiligungsmuster hinausgehe. Ein solches erweitertes Vorgehen erfordert eine Institutionalisierung und klare Definition von Beteiligungs-, aber vor allem von Mitbestimmungsrechten sowie die Bereitstellung von Unterstützungsmaßnahmen für betroffene Bürger*innen (z. B. über Finanztransfers für die Beauftragung von und die Unterstützung durch selbst gewählte Expert*innen). Kritische Bürger*innen dürfen nicht nur als Informationsempfänger*innen mit Störungspotenzial begriffen werden. Sie sollten vielmehr stärker in Entscheidungs- und Verfahrensprozesse einbezogen werden. Der Forsa-Umfrage zufolge war lediglich sechs Prozent der Befragten bekannt, »in welcher Form [sich] Kommunen und die Bevölkerung bei der Endlagersuche beteiligen können«.[16]

Das NBG begrüßte, dass das BASE ein Konzept für die Öffentlichkeitsbeteiligung entwickelt und zusätzlich zu einer Online-Konsultation eine Expertenanhörung zum Konzeptentwurf organisiert habe. Zugleich merkte es jedoch an, dass das BASE die Chance vertan habe, auch das Partizipationskonzept an sich ergebnisoffen und partizipativ zu entwickeln. Damit hätte von Anbeginn eine neue Vertrauensbasis im Prozess ermöglicht werden können, die dazu beigetragen hätte, von einer Teilnahme am Verfahren zu einer Teilhabe zu kommen.[17]

Aufgrund der COVID-19-Restriktionen organisierte das BASE am 17. und 18. Oktober 2020 die Auftaktveranstaltung *Fachkonferenz Teilgebiete* digital, um Raum für die Beteiligung einer breiten Öffentlichkeit zu eröffnen. Im Rahmen dieses ersten Beratungstermins wurde allerdings eine eingehende Auseinandersetzung durch mangelnde Gelegenheiten zur direkten, offenen und kritischen Diskussion verhindert. Auch bei der Vorstellung der Ergebnisse des *Zwischenberichts Teilgebiete* der BGE fehlte es an Möglichkeiten für kritische Nachfragen sowie spezifischer Erörterung der aus dem Teilnehmer*innenkreis formulierten Fragen. Das Forum hätte gut dafür genutzt werden können, Fragen von externen Wissenschaftler*innen und divergierende Einschätzungen in die Diskussion einzubringen. Das vom BASE gewählte Format beruhte aber in erster Linie darauf, dass die Moderation ausgewählte und oftmals gebündelte Fragestellungen aus dem Podium an die Vertreter der BGE weitergab. Diese Vorgehensweise verhinderte, dass eingehendere Erörterungen erfolgen konnten. Kritische Nachfragen verschwanden im Chat-Bereich und potentielle Konflikte wurden somit wegmoderiert. Dies alles kollidierte eindeutig mit dem Anspruch der Selbstorganisation der Fachkonferenz. Ein

16 Forsa, Standortauswahlverfahren für ein Atommüllendlager in Deutschland. Ergebnisse einer repräsentativen Befragung. Berlin, 2. Juni 2020, URL: https://www.base.bund.de/SharedDocs/Downloads/BASE/DE/fachinfo/soa/20200610_Forsa.pdf?__blob=publicationFile&v=1 [eingesehen am 8.11.2020], hier S. 6.

17 Vgl. Nationales Begleitgremium, NBG-Stellungnahme zur Öffentlichkeitsbeteiligung in der Startphase des Standortauswahlverfahrens/Konzept und Aktivitäten des Bundesamtes für kerntechnische Entsorgungssicherheit (BfE), Berlin 2019, hier S. 3.

weiterer insbesondere vonseiten der zivilgesellschaftlichen Akteure beanstandeter Aspekt betraf die mangelnde Transparenz: Trotz mehrmaliger Nachfrage und Aufforderung aus dem Teilnehmer*innenkreis stellte das BASE während der Fachkonferenz keine Teilnehmer*innenliste zur Verfügung. Eine datenschutzkonforme Liste – differenziert nach Zugehörigkeit zu Stakeholdergruppen (Vertreter*innen der gesellschaftlichen Organisationen, der interessierten Bürger*innen, der Gebietskörperschaften, der Wissenschaftler*innen und Journalist*innen) – wurde erst mit zwei Wochen Verzögerung bereitgestellt.

Besonders problematisch erscheint die während des ersten Tages der Fachkonferenz völlig unerwartet und kurzfristig für den folgenden Tag anberaumte Wahl von zwölf Mitgliedern der Arbeitsgruppe *»AG Vorbereitung 1. Erörterungstermin«.* Zahlreiche Teilnehmer*innen sowie das NBG wiesen darauf hin, dass sie sich von dieser unvermittelt anberaumten Wahl »überrumpelt« fühlten. Einwände wurden ignoriert und an der Wahl festgehalten. Bedenken über den Prozess selbst, aber auch über die Legitimität dieser Wahlen sind berechtigt. Als heikel erweist sich zudem die Tatsache, dass selbst Tage nach der Veranstaltung nicht transparent gemacht wurde, wie sich die Stimmberechtigten zusammensetzten. Die NBG empfahl deshalb mit Blick auf zukünftige Veranstaltungen, den Dialog sowie die Transparenz und die Beteiligungsmöglichkeiten deutlich zu erweitern.[18]

Ein weiterer Kritikpunkt ist, dass aufgrund des sehr kurzfristigen Charakters der Wahl Vertreter*innen zivilgesellschaftlicher Organisationen, vor allem aber Vertreter*innen der Kommunen, Landkreise etc. keine Möglichkeit hatten, sich in auf Grundlage eines Mandats, das ihnen von ihrer Gemeinde bzw. ihrem Landkreis erteilt wurde, zur Wahl zu stellen. Zu kritisieren bleibt auch, dass eine Chance vertan wurde, über eine mit angemessenem zeitlichem Vorlauf und basisdemokratisch geplante Abstimmung Aspekte wie Gender- und Generationengerechtigkeit, infrastrukturschwache vs. infrastrukturstarke Regionen sowie weitere regionale Disparitäten gezielt zu berücksichtigen. Das BASE reagierte auf die meisten Einwände mit der unverfänglichen Beschwichtigung, dass es sich lediglich um »eine Auftaktveranstaltung der Fachkonferenz (ein zusätzlicher Informationstermin)« gehandelt habe. Und: »Der erste offizielle Beratungstermin findet nach einer fast vier monatigen Einarbeitungsphase[19] im Februar 2021 statt und der letzte Beratungstermin endet im Juni 2021«.[20]

Das NBG wies darauf hin, dass eine rein informative Veranstaltung nicht ausreichend sei und dass die Möglichkeiten gegeben sein müssten, »sich vernünftig auszutauschen und zu diskutieren – auch wenn in Zeiten von Corona Veranstaltungen wie diese digital stattfinden müssen«.[21]

18 Nationales Begleitgremium, Selbstorganisierte Vorbereitung und eine stärkere Vernetzung sind Erfolgsfaktoren für die weiteren Termine in 2021. Pressemitteilung vom 20.10.2020.

19 Dass Bürgerinitiativen, Umweltverbände und Kommunen schon frühzeitig und wiederholt ein Moratorium und zuletzt die Absage der für den 5.–7. Februar angesetzten Fachkonferenz einforderten, wurde vom BASE zwar zur Kenntnis genommen. Es verwies jedoch darauf, dass Forderungen zur Verschiebung der Fachkonferenz »allenfalls direkt an den Gesetzgeber zu richten« seien, da dass StandAG für das BASE keinen Ermessensspielraum anböte. (Vgl. hierzu Matthias Jauch, Initiativen und Verbände fordern die Aussetzung der Endlagersuche, in Der Tagesspiegel, 27.02.2021, URL: https://www.tagesspiegel.de/politik/coronakrise-belastet-endlagersuche-initiativen-und-verbaende-fordern-aussetzung-der-endlagersuche/26854618.html [eingesehen am 27.01.2021]. Das StandAG besagt aber auch, dass Haltepunkte im Verfahrensablauf und die Option von begründeten Rückschritten in angemessener Weise zu berücksichtigen sind.

20 Vgl. hierzu die Webseite von BASE mit der Dokumentation der Auftaktveranstaltung. Hier werden während der Auftaktveranstaltung gestellte Fragen und Antworten veröffentlicht: https://www.endlagersuche-infoplattform.de/webs/Endlagersuche/DE/Dokumente-und-Service/Fragen-Auftaktveranstaltung/Fragen-zur-Auftaktveranstaltung.html [eingesehen am 01.11.2020].

21 Nationales Begleitgremium, Selbstorganisierte Vorbereitung und eine stärkere Vernetzung sind Erfolgsfaktoren für die weiteren Termine in 2021. Pressemitteilung vom 20.10.2020.

FAZIT

Für einen erfolgreichen Standortauswahlprozess sind die sozio-politische und lokale Akzeptabilität[22] und damit verbunden die Berücksichtigung von spezifischen Anforderungen an das Verfahren sowie deren Ausgestaltung von zentraler Bedeutung. Wir nahmen die institutionelle Reorganisation im bundesdeutschen Kontext zum Anlass, um die auf internationaler Ebene von der OECD/NEA formulierten Kriterien auf das neue Institutionengefüge anzuwenden. Hinsichtlich der Unabhängigkeit gegenüber der Exekutive ist positiv zu bewerten, dass in der Bundesrepublik die Neuordnung der entsorgungsbezogenen Strukturen und Zuständigkeiten zur organisatorischen und funktionalen Trennung der für die Regulierung, Aufsicht und Genehmigung zuständigen Behörde von allen anderen an der Entsorgung beteiligten staatlichen und nichtstaatlichen Stellen geführt hat. Dass das BASE zugleich auch Träger der Öffentlichkeitsbeteiligung ist, entspricht zwar durchaus dem Verständnis supranationaler sowie internationaler Organisationen. OECD/NEA empfiehlt, dass Regulierung, Aufsicht, Genehmigung und Öffentlichkeitsbeteiligung idealerweise in einer Hand und zwar in der der Regulierungsbehörde liegen sollten. Doch obwohl das BASE die OECD/NEA-Kriterien eines effektiven Regulators erfüllt, erweist sich die Bündelung der Zuständigkeiten im BASE als problematisch. Das hat teilweise mit den institutionell gegebenen Pfadabhängigkeiten[23] sowie der bis heute unzureichenden Aufarbeitung vergangener Fehler zu tun.

Vor diesem Hintergrund stellt sich die Frage, ob es nicht weniger konfliktträchtig und zielführender gewesen wäre, die Verantwortung für die Öffentlichkeitsbeteiligung institutionell an anderer Stelle zu verankern, um diese »Doppelfunktion« der Regulierungsbehörde zu vermeiden. In anderen Ländern wie bspw. Belgien oder Kanada sind andere Instanzen für die Öffentlichkeitsbeteiligung, die nicht Kernaufgabe der Regulierungsbehörde sein muss, verantwortlich.

Um weiteren Auseinandersetzungen um die mögliche Einflussnahme des BASE auf die Öffentlichkeitsbeteiligung und somit auf das Standortauswahlverfahren entgegenzuwirken, sollte diese Funktion ausgelagert werden. Es empfiehlt sich, zu prüfen, ob sie bspw. dem Nationalen Begleitgremium übertragen werden könnte. Es müssen zudem andere Governanceformen entwickelt und umgesetzt werden, um sicherzustellen, dass das Wissen und die Anliegen der Zivilgesellschaft tatsächlich angehört, aufgenommen und in die staatlichen Institutionen bzw. Prozesse integriert werden.

Das BASE hat deutlich gemacht, wo neben den Möglichkeiten auch die Grenzen der Öffentlichkeitsbeteiligung im Standortauswahlverfahren liegen.

22 Vgl. Maria Rosaria Di Nucci, Voluntarism in Siting Nuclear Waste Disposal Facilities: Just a Matter of Trust? in: Achim Brunnengräber u. M. Rosaria Di Nucci (Hg.), Conflicts, Participation and Acceptability in Nuclear Waste Governance, Wiesbaden 2019, S. 145–174.

23 Ana Maria Isidoro Losada, Pfadabhängigkeiten in der Endlagerpolitik, in: Bettina Brohmann u. a. (Hg.), Robuste Langzeit-Governance bei der Endlagersuche. Soziotechnische Herausforderungen im Umgang mit hochradioaktiven Abfällen. Bielefeld 2021 i.E.

Laut Gesetz soll das Verfahren partizipativ, wissenschaftsbasiert, transparent, selbsthinterfragend und lernend sein (StandAG 2017 § 1 Abs. 2). Die Auftaktveranstaltung der Fachkonferenz Teilgebiete hat gezeigt, dass jenseits der Rhetorik das Grundverständnis von Partizipation durch die Regulierungsbehörde noch nicht – wie seit langem betont wird – von einem »generativen Ansatz« geprägt ist, »d. h. dem Anspruch, Standards für innovative Beteiligung zu setzen und kontinuierlich aus Erfahrungen zu lernen.«[24] Beteiligungsprozesse sind als generativ zu bezeichnen, wenn sie offen gestaltet und selbsthinterfragend sind. Die Auftaktveranstaltung und ihre Nachbereitung auf der Webseite des BASE hätte deutlicher das Lernen aus den Erfahrungen und dem Feedback der verschiedenen Akteure reflektieren müssen.

Laut BASE ist die Beteiligung »ein auf Jahre angelegter Prozess und wird nicht auf die Fachkonferenz reduziert«[25]. Ferner betont die Behörde, dass Transparenz eine Voraussetzung sei, um Misstrauen entgegenzuwirken und Beteiligung zu ermöglichen. Die Art und Weise des Vorgehens bei der Einrichtung der »Geschäftsstelle Fachkonferenz« ist jedoch nur schwer mit Transparenzansprüchen zu vereinen.

Das BASE hat bisher bewiesen, dass es die Anforderungen des StandAG präzise erfüllt. Dementsprechend hat es auch § 9 Abs. 3 StandAG umgesetzt, der besagt, dass »die Fachkonferenz Teilgebiete [...] von einer Geschäftsstelle unterstützt [wird], die beim Bundesamt für die Sicherheit der nuklearen Entsorgung eingerichtet wird«. Hierbei wurde aber die Chance vertan, eine vom BASE unabhängige Geschäftsstelle ins Leben zu rufen, deren Zusammensetzung durch die Fachkonferenz selbst (Stichwort »Selbstorganisation«) bestimmt wird. Auch die bereits vor der Auftaktveranstaltung erfolgte Einrichtung eines vermeintlich unabhängigen Notariats, das de facto jedoch mit eigenen BASE-Mitarbeiter*innen besetzt ist, greift in das Prinzip der Selbstorganisation ein. Eine Bewertung des Handelns des BASE hinsichtlich der Untersuchungskriterien Offenheit, Transparenz und Glaubwürdigkeit fällt nach der Auftaktveranstaltung kritisch aus. Es zeigte sich in diesem Fall, dass das vielbeschworene Vertrauen zwischen Regulierungsbehörde und interessierter Öffentlichkeit weiterhin große Lücken aufweist.

Für die vom Gesetzgeber vorgesehenen nächsten Schritte im Standortauswahlverfahren, nämlich die Fachkonferenzen TG und den Rat der Regionen, müssen weitergehende Beteiligungsformate entwickelt und abgestimmt werden. Elemente eines *bottom-up*-Systems sollten dabei stärker in das Verfahren integriert werden. Jedoch auch bei Schaffung von Möglichkeiten gesellschaftlicher Beteiligung bleibt die prozedurale Verfahrensgerechtigkeit eine wichtige und notwendige Voraussetzung für die Vertrauensbildung und die

24 Bundesamt für kerntechnische Entsorgungssicherheit, Information, Dialog, Mitgestaltung. Öffentlichkeitsbeteiligung in der Startphase der Endlagersuche, Berlin 2019, hier S. 3.

25 Vgl. https://www.endlagersuche-infoplattform.de/webs/Endlagersuche/DE/Dokumente-und-Service/Fragen-Auftaktveranstaltung/Fragen-zur-Auftaktveranstaltung.html#OrgaAnker, letzter Aufruf 8.11.2020.

abschließende Akzeptanz von (Standort-)Entscheidungen. Letztendlich bleiben, auch wenn der Regulierer als unabhängig, kompetent und glaubwürdig wahrgenommen wird, neue Formen der Beteiligung und des Dialogs auf Augenhöhe der entscheidende Prüfstein. Solange die Kommunikation als unidirektional wahrgenommen wird, läuft die Regulierungsbehörde Gefahr, dass erneut dem gesamten Verfahren misstraut wird.

Der Gesetzgeber hat in § 5 Abs. 3 StandAG statuiert »[d]as Verfahren zur Beteiligung der Öffentlichkeit wird entsprechend fortentwickelt. Hierzu können sich die Beteiligten über die gesetzlich geregelten Mindestanforderungen hinaus weiterer Beteiligungsformen bedienen. Die Geeignetheit der Beteiligungsformen ist in angemessenen zeitlichen Abständen zu prüfen.« Das bietet einen Anreiz zu kritischer Reflexion, da Initiativen, etwa durch einen Public-Relations-Ansatz öffentliche Unterstützung zu erzielen, nicht ausreichen, um »eine Lösung zu finden, die in einem breiten gesellschaftlichen Konsens getragen wird und damit auch von den Betroffenen toleriert werden kann« (§ 5 (1) StandAG).

Die Anliegen der Bevölkerung und der Interessengruppen ernsthaft aufzugreifen und ihnen eine Stimme zu geben, erhöht die Chancen auf eine von allen Beteiligten ernst genommene Debatte und damit auf »akzeptable« Ergebnisse. Es bleibt abzuwarten, in welchem Umfang und mit welchen Formaten die Beteiligung interessierter und betroffener Menschen ermöglicht und der Spielraum für direkte gesellschaftliche Teilhabe vergrößert wird und ob, wann und wie das BASE die Eignung der Beteiligungsformen gemäß § 5 (3) StandAG prüfen wird.

Ana María Isidoro Losada ist Politikwissenschaftlerin und Mitarbeiterin am Forschungszentrum für Umweltpolitik (FFU), Freie Universität Berlin. Ihre Arbeits- und Forschungsschwerpunkte sind Nuclear Waste Governance, soziotechnische Transformation, Energie- und Ressourcenpolitik sowie politische Herrschaftsformen – mit besonderem Schwerpunkt auf politische Strukturen und Prozesse.

Maria Rosaria Di Nucci ist Energieökonomin. Sie leitet das Horizon 2020-Projekt COME RES (zu Bürgerenergie) am Forschungszentrum für Umweltpolitik (FFU), Freie Universität Berlin und arbeitet im Forschungsverbund »Transdisziplinäre Forschung zur Entsorgung hochradioaktiver Abfälle in Deutschland« (TRANSENS, 2019–2024) mit. Ihre Arbeits- und Forschungsschwerpunkte sind vergleichende Energie- und Klimapolitik, Atompolitik im internationalen Vergleich, Förderinstrumente für erneuerbare Energien, Evaluationsmethodik und Impact Assessment, Multi-Level-Governance sowie soziale Akzeptanz von umstrittenen Technologien.

INDES
ZEITSCHRIFT FÜR POLITIK UND GESELLSCHAFT

Herausgegeben durch das Institut für Demokratieforschung der Georg-August-Universität Göttingen.

Redaktion:
Luisa Rolfes (verantw. i. S. des niedersächs. Pressegesetzes), Alexander Deycke, Michael Lühmann, Dr. Matthias Micus, Tom Pflicke, Marika Przybilla-Voß.

Redaktionsanschrift:
Redaktion INDES
c/o Göttinger Institut für Demokratieforschung
Weender Landstraße 14, 37073 Göttingen,
redaktion@indes-online.de
Online-Auftritt:
www.indes-online.de

Anfragen und Manuskriptangebote schicken Sie bitte an diese Adresse, möglichst per E-Mail. – Die Rücksendung oder Besprechung unverlangt eingesandter Bücher kann nicht gewährleistet werden.

INDES erscheint viermal jährlich.
Bestellung durch jede Buchhandlung, unter v-r-journals@hgv-online.de (Bestellungen und Abonnementverwaltung) oder unter abo@indes-online.de.
Jahresbezugspreis print + online € 73,– D; ermäßigter Preis für Studierende/Auszubildende (gegen Bescheinigung, befristet auf drei Jahre) € 41,80 D; Inst.-Preis print + online ab € 150,– D
Einzelheftpreis € 22,– D.
Jeweils zzgl. Versandkosten. Preisänderungen vorbehalten. Die Bezugsdauer verlängert sich jeweils um ein Jahr, wenn nicht eine Abbestellung bis zum 1.10. erfolgt.

Verlag:
Vandenhoeck & Ruprecht GmbH & Co. KG,
Theaterstr. 13, D-37073 Göttingen.

ISBN 978-3-525-80034-8

ISSN 2191-995X

Gestaltung, Satz und Lithografie:
SchwabScantechnik, Göttingen

BEBILDERUNG

Beinahe plakativ scheinen die hier gewählten Illustrationen mit ihrem symbolhaften Charakter ebenjene Eigenschaften zu repräsentieren, die Experten, Politikerinnen, Bürgern gemeinhin zugeschrieben werden. So steht etwa die Glühbirne für Wahrheit und Erkenntnis, die Eule für Scharf- und Rundumblick, eine Herde Schafe für die Dummheit der Vielen. Doch jede dieser, positiven wie negativen, Charakterisierungen vermag durch einen Perspektivwechsel irritiert zu werden. Eine einzige Glühbirne wird schließlich keinen Raum erhellen, die weise Eule wird bei Dunkelheit zur Jägerin und geht das Schaf nicht in der Masse unter, appelliert es förmlich daran, näher hinzuschauen. Wer lauthals ins Mikro schreit, wirkt zuweilen unberechenbar, mitunter berechnend. Doch wer kaum hörbar ist, dem reiche man das Mikro. Nicht wahr?

Covermotiv: Anastasija Voloch

Portrait Nils Markwardt: Johanna Ruebel